꽃보다 귀한 우리 아이는

꽃보다 귀한 우리 아이는

초판 1쇄 발행　2010년 11월 11일
초판 2쇄 발행　2012년 1월 25일

지은이　조재도
펴낸이　김승희
펴낸곳　도서출판 살림터

기획　정광일
편집　조현주
본문일러스트　이태수
필름출력　딕스
인쇄 제본　(주)현문
종이　월드페이퍼(주)

주소　서울시 마포구 서교동 395-27
전화　02-3141-6553
팩스　02-3141-6555
출판등록　2008년 3월 18일 제313-1990-12호
이메일　gwang80@hanmail.net

ISBN　978-89-94445-05-2　(03370)

꽃보다 귀한 우리 아이는

조재도 교육산문집

살림터

학교에서 오랫동안 근무했습니다. 81년에 처음 교직에 나왔으니까 30년이 다 되어갑니다. 30년. 그 긴 세월 동안 내가 학교에서 줄곧 들어온 말은 보충수업, 학력신장이라는 말이었습니다. 그 말이 머리꼭지에서 뱅글뱅글 맴을 돕니다. 물론 명칭은 여러 가지로 바뀌었지요. 그러나 본질은 보충수업, 학력신장이었습니다.

솔직히 헛김 빠지지요. 그동안 나름대로 참교육이다 뭐다 하며 애썼지만 제자리걸음인 것 같아 씁쓸합니다.

내가 학교에 근무한 지난 30년 동안, 이 나라의 수많은 사람들이 중·고등학교를 졸업하고 사회에 나갔지요. 성적에 따라 줄 세워져. 그 결과 지금 그들은 행복할까요? 그들이 살아가는 우리 사회는 우리가 바라는 만큼 선진화되었나요?

많은 이들이 교육 문제를 해결해보겠다고 덤볐습니다. 그러나 그럴수록 문제는 꼬여만 갔습니다. 다른 사회 영역들과 뒤엉켜 해결의 실마리를 찾기 어려웠습니다. 이제는 어떤 정책을 내놓아도 모순에 모순을 더할 뿐입니다.

모순이 깊어지다 보니 학교 교사들조차 현안 문제에 입을 다뭅니다. 떠들어봤자 반향 없는 메아리 같다고 생각하는 것 같습니다. 대부분 사람들이 그러합니다. 되든 안 되든 떠들기라도 하는 사람이 반가울 지경입니다. 생기를 잃고 침묵과 피곤 속에 학력신장에 매진하고 있으니까요.

이 책이 침묵의 호수에 던져진 돌멩이 같았으면 좋겠습니다. 의식에 파문을 일으켜 이 책을 읽는 독자 자신과 학교, 학교를 둘러싼 여러 사회 현상에 대해 다시 한 번 되돌아보는 구실을 하면 좋겠습니다.

지난 2007년 2월 나는 『일등은 오래가지 못한다(삶이 보이는 창)』라는 책을 펴냈습니다. 학급 담임을 맡아 일 년 동안 아이들과 생활한 이야기였습니다. 요즘 아이들 모습을 아주 가까이에서 지켜보고 쓴 책이었습니다.

그 후 교육 관계 글은 써지지 않을 것 같았습니다. 그러다가 2009년 전교조 신문 『교육희망』에 산문을 연재하면서 다시 글을 쓰게 되었고, 그때 쓴 글을 바탕으로 엮은 것이 이 책입니다. 여기서 한 가지만 더 말씀드릴 게 있는데, 이 책 제4부 「세상이 맑아지는 자리」에 묶인 글은, 내가 전에 마음 공부할 때『자아발견을 위한 열쇠』라는 '쪽지'를 발간하면서 쓴 글들입니다.

나는 이 책의 제목을『꽃보다 귀한 우리 아이는』이라고 정했습니다. 아이를 사랑함에 부모보다 더한 사람이 있을까요? 아무리 교사가 아이들을 사랑한다고 해도 부모에게는 못 미칩니다. 그야말로 우리 아이들 하나하나는 꽃보다 더 귀한 존재지요. 그런 아이들이, 전인적으로 자라 인생의 행복을 느끼며 살아야 할 아이들이 현실적으로 그렇지 못하다는 데 안타까움이 있습니다.

꽃보다 귀한 우리 아이는 입시 전쟁터나 다름없는 학교에 다닙니다. 국영수사과밖에 모릅니다. 좁고 네모난 교실과 교과서의 틀에 갇혀 성적과 등수에 목을 맵니다. 친구가 공책을 보자고 해도 안 보여줍니다. 경쟁 상대이기 때문이죠. 꽃보다 귀한 우리 아이는 하루 열두 시간 넘도록 공부만 합니다. 꽃보다 귀한 우리 아이는 어느 날 유서 같은 낙서를, 낙서 같은 유서를 남기고 우리 곁을 떠납니다. 그런 꽃보다 귀한 우리 아이를 위해 부모님들은 한 해에 21조 6,000억이라는 거액의 사교육비를 쏟아 붓습니다.

이렇게 자라난 꽃보다 귀한 우리 아이는 어떤가요? 자아정체감이 없습니다. 스트레스에 취약해 짜증과 화를 잘 냅니다. 여유가 없고 쉽게 절망하지요. 충돌이 잦고 불화를 일으키며 권위주의적이고 배려하지 않습니다. 인생을 충만하게 살지 못하고, 부박한 일에 자기 에너지를 낭비하지요.

이 책을 묶으면서 갑갑한 마음을 떨칠 수 없습니다. 요즘 경제를 비롯한 여러 사회 상황이 악화되면서 가정이 해체되고(혹은 해체 직전에 있고), 그런 가정의 아이들이 학교에 와 소위 학력신장과 입시경쟁이라는 틀에 갇혀 하루를 보냅니다. 교사는 교사대로 한술 더 뜨지요. 그 아이들을 아무 생각 없이 경쟁의 한통으로 몰아가니까요. 사실 따지고 보면 '입시'라는, 있는 집 아이들이 벌이는 게임과는 아무 상관도 없는 아이들인데 말입니다.

솔직히 교사나 여러 교육기관, 교육행정가 등 많은 이들이 앞서 말한 아이들과 학부모에 기대어 살아간다는 생각이 듭니다. 잘못된 교육의 일방적 피해가 그 아이들과 학부모에게 가는데, 나머지 사람들은 그 속에서 월급 받고 사니까요.

어려운 시기에 누구도 손대지 않으려는 교육 관계 출판을 하는 살림터 출판사가 고마울 따름입니다. 자기 자신을 알고, 아이들과 함께하며, 자신을 둘러싼 사회 문제에 관심이 있는, 그리고 무엇보다 오늘보다 내일이 나을 것이라는 궁극적 기대감을 갖고 살아가는 많은 분들이 이 책을 읽었으면 좋겠습니다.

2010년 10월
조재도

| **차례**

제1부 초강력 슈퍼 바이러스

제2부 왜 10억인가

제3부 C급 교사

제4부 세상이 맑아지는 자리

제5부 아이들의 눈물은 짜다

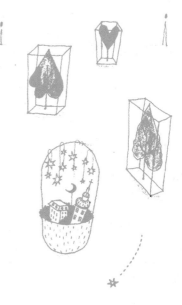

초강력 슈퍼 바이러스

작은 죽음

지난해에는 학교 도서관에서 일했다. 신설학교다 보니 도서관에 있는 것이라고는 책꽂이 열람대 등 집기 몇 개뿐이었다. 그러다 도서관 활성화 사업 지원금이 내려와 꾸며 놓고 보니 규모가 반듯하고 분위기가 아늑해 그런 대로 도서관으로 손색이 없었다.

나는 도서관에 매일 상주했다. 교무실 책상을 아예 그곳으로 옮겨 놓고 하루 생활을 거기서 했다. 다른 건 몰라도 도서관을 늘 열어두기 위해서였다. 그러다 보니 아이들이 많이 들락거렸고, 그 중에는 이른바 왕따당하는 아이들이나 친구를 잘 못 사귀는 아이들이 자주 오게 되었다. 선생인 내가 있으니 도서관이 책만 보는 곳이

아니라 약자들의 피난처가 된 셈이다.

　그러다 올해 학교를 옮겼다. 맡은 업무도 달라 지금은 일반 교무실에서 몇몇 교사와 함께 생활한다. 조용하기만 한 도서관에서 일하다 일반 교무실로 나오니 한마디로 절간에서 시끌벅적한 장터로 옮겨온 것 같다. 누가 누구와 싸워 어디가 부러졌다느니, 무슨 일을 언제까지 해야 하는데 일 같지도 않은 일로 잡무만 늘린다느니, 왁자한 아이들 소리, 볼멘 교사들 소리, 한마디로 하루하루 살아가는 삶의 적나라한 현장이다.

　학교를 새로 옮기면 대부분 교사들은 먼저 그 학교 교장이 누군가, 아는 사람이 있나부터 살핀다. 교장은 교육 관료로는 말단이지만 학교에서의 지위와 권한은 무소불위에 가까울 정도로 막강하기 때문이다. 나도 이번에 학교를 옮기면서 새 학교 교장에 대한 이야기를 들었다. 아는 이가 말하기를 사람이 좀 까다로워 그렇지 그런 대로 같이 지낼 만하다고 하였다.

난 그런가 보다 하며 생활했다. 옮긴 학교가 신설학교다 보니 신학기부터 눈코 뜰 새 없이 바빴다. 몇 안 되는 교사에 밀려드는 업무. 모든 것을 새로 만들어야 하는 처지인지라 개학 후 시간이 어떻게 가는지 모를 지경이었다. 집에 오면 몸은 파김치가 되어 쓰러졌다. 몸살감기에 봄이 와도 봄기운 한 자락 느껴보지 못하는 날들이었다.

그런 차에 교과부에서 지난 해 수능 성적을 발표해 충남이 전국에서 최하위권이라는 사실이 드러났다. 수능 결과 발표는 가뜩이나 학력증진에 열을 내고 있던 학교에 기름을 붓는 격이 되었고, 연일 그에 대한 대책회의가 열렸다. 그러다 보니 교장은 교장대로 회의다 출장이다 하여 불려가 닦달을 받게 되고, 그 결과는 고스란히 교사들을 들볶는 것으로 나타났다.

안타깝게도 우리 학교 교장도 태도가 돌변하여 교사들을 다그치기 시작했다. 특히 방과 후 학교 담당자와 학력증진부 교사들이 많이 시달렸는데, 젊은 여교사와 부장들이 매일 교장실에 불려가 혼쭐이 났다. 아침에 하는 '완자완전 자기주도적 학습'에 이어 저녁 8시까지 남아 하는 '야간 공부방' 등, 지역 내 학교가 경쟁적으로 학력증진에 매진하면서, 업무 담당교사들에 대한 들볶음이 그치지 않았다. 그럴 때마다 느끼는 굴욕감과 비참함. 물론 교사들이 그런 일에 기가 꺾이고 굴복당하는 것은 아니지만, 아무튼 그로 인해 받는 마음의 상처는 교사의 기분을 잡치게 하고, 아이들을 위해 무엇인가 해 보겠다는 따뜻한 마음마저 순식간에 냉각시켜 버린다.

그렇게 어수선하고 정신없던 어느 날, 여교사 한 분이 전체 교사들에게 쿨을 날렸다. 제목은 '작은 죽음' 내용이 이러했다.

살다 보면~ ~어이없는 일과 공평하지 못한 일을 누구나 체험합니다. 모두가 작은 죽음입니다. 그러나 내 몫으로 받아들이면 또 다른 깨달음을 만나게 됩니다. 오늘 하루도 깨달음이 있는 행복한 날이 되세요~ ~.

학교가 온통 학력증진 하나에 목을 매고 있는 상황에서 이 메신저를 받은 교사들은 저마다 '작은 죽음'이라는 말 속에 담긴 의미를 학교 현장의 '죽음'으로 해석하는 것 같았다.

그러나 우리가 작음 죽음과 맞부딪는 곳이 어디 학교뿐인가. 억압 사회에서 순간순간 만나는 생활 속 '작은 죽음'은 결국 한 인간의 자주성을 망가뜨려 놓는다.

작은 죽음은 곧 '인격'의 죽음이다. 상처받은 사람들이 모여 있는 가정, 그리고 학교와 사회에서 우리가 기대할 것이 무엇이 있겠는가.

두꺼비

　수업이 없는 시간, 창문을 열고 운동장을 내다본다. 쉬는 시간 그토록 시끄럽던 학교가 수업이 시작되니 고요 속에 가라앉은 성채 같다. 복도에서 들려오는 교사들 목소리, 와그르 터지는 아이들 웃음소리가 어느 먼 나라에서 들려오는 아련한 음향 같다.

　그때 문득 "맹-, 맹-" 하는 소리가 들린다. 소리 나는 곳을 돌아본다. 운동장 가 돌로 쌓은 축대에서 나는 소리이다. 맹꽁이인가? 두꺼비인가? 그러다 맹꽁이일 거라고 혼자 속으로 생각한다. 소리는 단순하지만 통음으로 내지르는 소리가 장쾌하기까지 하다.

　어려서 장마철에 비가 오다 꺼끔해지면 그동안 집에 있느라 좀

이 쑤신 악동들이 뛰어나와 물장난에 정신이 없었다. 고샅을 쏘다니며 일부러 흙탕물을 튕겨 옷을 다 버렸고, 냇가를 텀벙대고 다니다 신발을 물에 떠내려 보내기도 하였다.

그럴 때마다 흙담 밑을 버르적거리며 기어가는 게 있었다. 두꺼비였다. 짙은 갈색 등에 오돌도돌한 돌기가 있고 몸통이 굵었다. 겉보기에 흉측했지만 그러나 그것은 이내 우리들 놀잇감이 되었다. 악동들에게 에워싸인 두꺼비는 가던 길을 멈추고 죽은 듯이 꼼짝도 하지 않았다. 우린 두꺼비를 잡아 손가락으로 배를 간질이기도 하고, 똥구멍에 보리 짚대를 꽂아 바람을 불어넣기도 하였다. 그러면 두꺼비는 괴로운지 네 발을 허우적대며 버둥거렸다.

동네 어른들은 우리에게 두꺼비 갖고 장난치지 말라고 했다. 두꺼비가 집에 복을 불러온다는 것이다. 그분들을 통해 '복두꺼비니' '떡두꺼비' 같은 말도 그 무렵에 들었다. 나중에 알고 보니 우리나라 전래 동화나 설화에서 두꺼비는 용맹함과 의리를 나타내 주었다. 어려서 모래밭에서 놀며 불렀던 "두껍아 두껍아 헌집 줄게 새집 다오." 하는 동요도 그렇고, 잘 알려진 '지네와 두꺼비' 이야기도 그러했다.

그래서였는지 몰라도 우린 두꺼비를 죽인 기억이 없다. 허리를 끊어 튀겨먹고 볶아먹고 그것도 모자라 능지처참하여 닭에게 던져준 개구리에 비해, 두꺼비에게는 그래도 선의로 대해 주었다.

낭설이지만 두꺼비는 능사^{능구렁이}와 마주쳤을 때 자기를 잡아먹으라고 능사를 잔뜩 약 올린다고 한다. 머리를 바닥에 낮추고 까닥거리며 약을 올리면 참지 못한 능사가 두꺼비를 덥석 잡아 삼키는데, 그렇게 뱃속에 들어간 두꺼비는 뱀의 뱃속에 새끼를 낳고 죽어가며 독을 내뿜는다고 한다. 결국 능사는 죽고, 새끼들은 구렁이를 파먹으며 자라나 밖으로 나온다는 것이다.

이 같은 설은 실제로 두꺼비는 알을 낳아 올챙이가 되고 올챙이가 자라 두꺼비가 된다는 사실에서, 그리고 또 두꺼비가 위험에 처하면 부포톡신이라는 독을 몸에 퍼뜨려 포식자의 구강이나 점막에 염증을 일으키고, 신경 중추를 마비시킨다는 과학적 사실에 의해 낭설로 밝혀졌다.

그러나 여기서 한 가지 생각해 볼 것은 바로 그 낭설이 갖는 힘이다. 두꺼비와 능사의 대결에서 최후 승자는 결국 두꺼비라는 이 '설'은 과학적 사실과는 아무 연관이 없다. 그런데 이 '설'이 그야말로 낭설에 그치지 않고 많은 이에게 하나의 신념으로, 신화로, 당대를 살아가던 사람들의 집단적 정서로 자리한 적이 있다. 엄혹했던

80년대 민주화 투쟁에서 탄압받는 민중들이 가슴에 품었던 낙관주의 요체가 바로 이 두꺼비 신화였던 것이다. 끝내 싸워 이기는 승자는 너희가 아니라 우리라는 것! 그리하여 능사에게 기꺼이 잡아먹히는 두꺼비. 그렇게 긴 세월을 참으로 숱한 희생을 치르며 싸우며, 먹히며, 그러다 끝내 이겼는데······.

그런데 다시, MB 정권이 들어서면서 도처에서 능사와의 싸움이 계속되고 있다. 똬리를 틀고 혓바닥을 날름거리는 능구렁이 앞에 거품을 문 두꺼비들이 머리를 까닥거리고 있다. 능사는 두꺼비를 집어삼키고, 두꺼비는 능사의 뱃속에 들어가 독을 뿜을 것이다.

원칙주의자

교사로 일하면서 지키려는 것 중 하나가 '사석에서 학교 이야기 안 하기'이다. 다시 말해 학교 일과 관련된 이야기는 술자리나 다른 자리에서 하지 않고 교무회의 시간이나 교장실에 직접 찾아가 공식적으로 문제를 제기한다는 것이다. 학교 문제라는 게 결국은 교장이 결정권을 쥐고 있는 경우가 많아서 그렇게 하지 않으면 해결이 안 된다. 내가 이런 생각을 하고 지금까지 지키려는 이유는 이른바 교장 교감에 대해 '뒷담' 까기 싫어서이다. 몇몇이 모여 술 한잔하고 호기롭게 씹다가 막상 면전에서는 아무 말도 못하는 우리들 모습이 싫어서이다. 그렇게 보내는 시간이 아깝고 그렇게 해서는 아무것도 해결되지 않기 때문이다.

러시아 작가 체르니셰프스키가 쓴『무엇을 할 것인가』라는 소설이 있다. 이 책은 지은이가 19세기 중반 차르 정권 하에서 러시아 사회의 변혁을 꿈꾸고 주도하다 국가 전복 혐의로 수용소에 갇혔을 때 쓴 것인데, 이후 러시아 혁명 과정에서 젊은이들의 필독서가 되었다. 후에 레닌이 그가 쓴 소책자 이름을『무엇을 할 것인가』로 했을 정도로 그의 독특한 행동미학은 단순히 소설 작품을 미적 감동의 차원을 넘어, 읽는 이의 행동을 변화시키는 사상적 영역으로까지 확대시켰다. 그런 면에서 체르니셰프스키는 단순한 작가라기보다는 사상가로 봄이 옳다. 사상가는 타인에게 영향을 주어 그의 행동을 변화시키는, 그런 힘을 가진 사람이기에 말이다.

내가 이 소설을 읽은 게 80년대 후반. 내용은 가물가물하지만 뚜렷하게 기억에 남아 있는 게 있다. 이 책을 읽은 후 나는 '원칙'에 대해 생각하게 되었고, 나도 어떤 원칙을 정해 지키려는 사람이 되었다는 것이다.

소설『무엇을 할 것인가』는 베라 빠블로브라는 한 여성이 봉건적 가정의 억압에서 벗어나 사랑에 눈뜨고, 사회적 실천으로 그녀의 행동이 확대되어 가는 과정에서 두 남성과의 사랑 관계를 그리고 있다. 그런데 여기에 라흐메또프라는 걸출한 인물이 나온다. 라흐메또프는 한마디로 원칙주의자이다. 20여 년이 지난 지금에도 그의 원칙주의적 면모가 기억에 생생하게 남아 있는데, 이를테면 이런 것이다. 그는 절대 시간을 낭비하지 않는다. 쓸데없는 잡담으로 시간을 허비하지 않고 그런 자리엔 가지도 않으며, 언제나 필요한 말만 직설적으로 한다. 그는 자신의 체력을 보강하기 위해 고기를 사 먹는 일 외에 돈을 낭비하지 않는다. 경험을 중시하여 실제 노동에 참여하고, 깨진 유리가 깔린 나무 판 위에서 잠을 자며 그 고통을 견딘다. 책도 원전이 아니면 읽지 않는다. 원전을 다시 편집하거나 재해석해 놓은 책을 읽는다는 것은 시간 낭비일 뿐이다.

그가 이렇게 자기 원칙을 철저히 지키는 이유는 오로지 하나 '혁명적 인간'으로 단련되기 위해서다. 그는 생활을 통해 자신을 부단히 개혁하고 단련함으로써 앞으로 다가올 혁명에 대비한다. 체르니셰프스키가 창조한 소설 속 인물은 자신의 이익과 사회적 이익이 일치해야 한다는 신념에 따라 행동하는 인물로, 당시 러시아 사회의 많은 이들에게 혁명적 인간의 본보기가 되었다. 이른바 혁명가는 어떤 종류의 사람이며, 어떤 행동 규칙을 준수해야 하고, 어떻게 생활하고 어떻게 목표를 세워 그것을 달성하기 위해 무엇을 할 것인가에 대한 기준을 제시한 것이다.

이쯤에서 나는 우리 사회와 관련하여 앞서 말한 '혁명'을 '진보'라는 말로 대치해 본다. 우리 사회에서 진보, 혹은 진보주의자란 무엇일까? 그들이 생활 속에서 지키고자 하는 진보적 가치는 무엇이며, 그것을 지켜내기 위해 어떻게 행동하는가.

원칙은 참으로 답답하고 피곤한 것이다. 주변 사람을 불편하게 하기도 하지만 원칙은 먼저 자기 자신을 옥죈다. 심하면 역삼각형의 벼랑 끝에 설 수도 있다. 손해를 봐야 할 때도 있고 인심을 잃을 때도 있다. 그러나 나는 체르니셰프스키가 창조한 인물 라흐메또프의 그 견결한 원칙주의에 동의한다. 입을 맞춘다. 그렇게 생활 속에서 지켜내는 작은 원칙들이 쌓여 벽을 넘는 거대한 해일이 될 수 있겠기에 말이다.

초강력 슈퍼 바이러스

　두 분이 가시고 두 분이 오셨다. 9월 인사발령에서다. 두 분 모두 승진해 가셨으니 영전이다. 작별 인사에 헤어지는 아쉬움도 내비쳤다. 그러나 그 말의 진정성을 믿는 이는 많지 않았다. 갈 사람 가고 남을 사람 남는 무덤덤한 송별이었다. 아니 좀 더 야박하게 말하자면 '안 봤으면 싶던 사람 보지 않게 되어 다행'이라는 마음도 있었을 것이다.

　새로 오신 분들에 대한 환영회가 있었다. 이 고장에서 꽤 이름났다는 고깃집에서였다. 간단한 인사말이 오간 후 고기를 먹었다. 오리, 돼지 등 4인분 한 판에 5만 3,000원짜리 모듬고기였다. 학교 애기하며 쌈에 싸서 먹었다. 배고파서인지 오기작오기작 먹는 맛이 참 맛있었다. 그렇게 정신없이 먹는데 문득 이런 생각이 들었다. '이렇게 고기만 먹어도 되나?' 국물 한 모금 없이 고기만 상추에 채곡채곡 싸서 먹어도 되나? 목구멍으로 넘어가는 돼지 오리들이 열받아 씨불거리는 것 같았다.

그렇게 매력 없이 시작된 9월. 개학하면서 학교는 온통 신종 플루 바람이다. 정확히는 신종 인플루엔자 A 바이러스H1N1. 올해 들어 그동안 학교에서 들은 말은 오로지 학력신장뿐이었다. 그런데 그 말 이외에 이제 신종 플루라는 말이 새롭게 등장했다.

세균과는 달리 바이러스는 완전 퇴치가 불가능하다고 한다. 그런 놈을 기특하다고 해야 하나 가상하다고 해야 하나? 현대사회에서 인간이 문명적 혜택을 누리는 한 바이러스 역시 인간과 공존하며, 인간에 대한 끝없는 경각심을 일깨워주기 때문이다. 다시 말해 아무리 현대 과학이 발달한다 해도 바이러스는 인간이 이루어낸 문명적 성취를 비웃듯 자기 변종을 꾀하여 인간의 오만과 무례를 반성케 한다는 것이다.

이번 유행하고 있는 신종 플루도 돼지에서 나타났던 돼지 인플루엔자가 사람과 조류에게서 나타났던 인플루엔자하고 유전 정보를 공유함으로써, 새로운 변이 형질을 일으켜 출현했다고 한다. 2009년 4월 멕시코와 미국에서 확인된 신종 플루는 항공기 여행객들을 통해 한 달 만에 전 세계에 퍼져 나갔고, WHO는 2009년 6월

에 21세기 최초 전염병으로
신종 플루 대유행을 선포한
것이다.

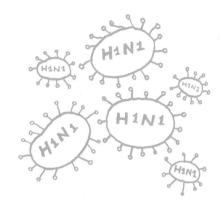

　아무튼 이놈의 신종 플루
가 급속히 확산되면서 소독
약 지급이다 등교 학생 발열
체크다 하여 학교마다 야단
법석이다. 또한 예방을 위한 지침도 마련되어 학부모와 학생들에
게 틈나는 대로 전달되고 있다. 그러나 그럼에도 신종 플루 감염자
수는 확산되고 있고, 일이 이쯤 되자 정부에서는 재난안전관리본
부까지 설치하고 나섰다. 현재 백신이 개발되고 있으나 대량생산
하기에는 시일이 많이 걸리고, 유일한 치료제로 알려진 타미플루
도 쉽게 구할 수 없어, 시간이 지날수록 사회적 혼란이 더해질 것이
라고 한다.

　이런 상황에서 한 가지 생각해 보아야 할 것이 있다. 신종 플루 외
에 우리를 궁지에 몰아넣는 다른 바이러스는 없는가 하는 것이다.
학력신장 바이러스는 어떤가? 일제고사 바이러스는? 신종 플루는
일반 독감 사망률인 0.01퍼센트보다 높고, 스페인 독감의 2.5퍼센
트보다는 낮은 0.7퍼센트의 사망률을 보인다고 한다. 9월 13일 현
재 우리나라 감염자 수는 7,500여 명이며, 사망자 수는 5명이다. 그
러나 학력신장 바이러스는 어떤가? 또 일제고사 바이러스는?

최근 교과부로부터 한나라당 황우여 의원이 입수한 자료에 따르면 지난 5년(2003~2007) 동안 학생 자살률은 무려 42퍼센트가 증가했고, 가정불화로 인한 자살은 5배 이상 늘었다고 한다. 자, 어떤가? 이쯤 되면 신종 플루는 그야말로 새 발의 피가 아닌가? 그리고 감염자 수에서도 비교가 되지 않는다. 학력신장 바이러스나 일제고사 바이러스에는 이미 온 국민이 감염되어 있지 않은가?

따지고 보면 이렇게 기승을 부리는 학력신장이나 일제고사 바이러스라는 것도 자본주의 사회에서 불안과 학벌 경쟁교육이 빚어낸 일종의 변종인 셈이다. 학교 성적이 인터넷에 공개되고, 초등학생 방학마저 앗아가며, 중학생들에게 8교시 9교시 그것도 모자라 야간자습까지 하게 하는 이 초강력 슈퍼 바이러스의 위력에 비한다면, 신종 플루는 정말 명함도 못 내밀 미미한 것에 불과할 뿐이다.

누가 더 행복할까

　토요일 저녁 나는 늘 외출을 한다. 저녁도 먹고 집 주위를 어슬렁거리며 돌아다닌다. 그러면서 이것저것 눈에 띄는 것들에 마음 참견을 한다. 공터에 심어진 옥수수나 덩굴을 뻗어 애호박을 달고 있는 호박순들에 대해.

　외출은 혼자 한다. 옆에 누가 있으면 호젓하지 않다. 그렇게 돌아다니다 들어가고 싶은 집 아무 데나 들어가 밥을 먹는다. 술도 한잔한다. 그러면서 일주일을 정리한다. 아니 그래야 일주일이 간다. 주말 저녁마다 무슨 의식처럼 치러지는 혼자만의 외출. 이런저런 생각도 그때 떠오르고, 또 가닥이 잡혀 정리되기도 한다.

어제도 대충 아무거나 걸치고 나와 터벅터벅 걸었다. 밥 대신 술이나 한잔할까 하다, 아니야 점심도 걸렀는데 밥을 먹어야지 하다, 밥은 좀 성가시고 국수나 먹어? 하다, 결국 집 근처 허름한 식당에 들어갔다.

나보다 먼저 온 이들이 있었다. 그들은 식당 한가운데 앉아 삼겹살을 구웠다. 한눈에 보아도 공사판에서 일을 마치고 온 이들이었다. 얼굴과 목이 햇볕에 그을렸고, 이미 소주 서너 병을 비운 뒤였다.

나는 그들 뒤 구석진 자리에 앉았다. 맹렬하게 돌아가는 선풍기 바람이 싫어서였다. 동동주와 파전을 시켰다. 큰 투가리에 가득 담아온 동동주를 보고 이걸 누가 다 먹느냐고 하자, 주인 여자가 그런다.

"먹다 많으면 냉기슈."

한잔 들이켜자 찬 술기운이 목구멍에서 뱃속까지 일직선으로 뚫고 내려간다. 나도 모르게 크억 트림을 했다. 냉장고에 넣어 두었던 터라 차갑기가 눈알이 튀어나올 것 같다. 첫잔은 그렇게, 다음부터는 조금씩 끊어 마셨다. 그렇게 천천히 음식 하나하나를 음미하며 먹었다. 혀끝에 흩어지는 파전 속 밀가루 맛과 그것을 튀겨낸 기름 맛, 미역무침 속에 들어 있는 오이와 당근 맛, 등.

그렇게 조금 조금씩 먹으며 앞사람들 이야기에 귀를 기울였다. 그들은 일터나 가정 이야기는 하지 않고 오로지 프로 야구 얘기만 했다. 마침 식당 TV에서 야구 중계를 해서일까? 불쾌한 얼굴에 연신 고기를 싸 먹으며, 때론 킬킬대며 때론 상대방 말을 큰 소리로 반박하며, 야구 이야기에 열을 올렸다.

참 단순한 사람들이구나 싶었다. 공사판 노동으로 육신은 고달프겠지만, 섬세한 감각에서 오는 정신적 고뇌는 없겠다 싶었다. 내가 섣불리 이런 생각을 하게 된 것은 사실 전부터 이 문제와 관련하여 한 가지 생각한 게 있어서였다. 저렇게 한잔 거나하게 걸치고 집에 들어가자마자 곯아떨어지고, 다음 날 또 일하러 나가고, 넉넉하지 않지만 그러면서 아이들 가르치고, 마누라하고 그냥저냥 사는 것(아님 헤어지거나).

그렇게 살면서도 인생의 행복을 느끼겠지. 하지만 자연이나 예술의 아름다움을 보고 그것을 느낄 때의 깊은 즐거움 따위는 모르고 살 것 아닌가? 한 편의 시에 음악에 그림과 조형물에, 그리고 붉게 물드는 장엄한 저녁노을에 갈피갈피 스며 있는 아름다움은 모르며 사는 게 아닐까?

그러면서 드는 의문 하나. 그냥 그렇게 사는 사람과, 눈에 보이지 않는 정밀한 아름다움까지 느끼며 사는 사람과 누가 더 행복할까? 아름다움을 살펴 느낄 수 있는 사람은 그렇지 않은 사람보다 일상에서 오는 지루함과 누추함을 더 깊이 견뎌야 하는 고통이 있겠기에 말이다.

하지만 이 문제는 어느 한 방향으로 결론지을 수 없다. 다시 말해 누가 더 행복하냐는 물음에 어느 쪽이 더 행복하다고 말할 수는 없겠는데, 그래도 한 가지 아름다움을 느끼며 사는 사람의 인생이 그렇지 못한 사람의 인생보다 풍요롭지 않겠냐는 것이다.

섬세한 감수성과 감각을 갖고 세상을 대할수록 아름다움도 수면 위로 튀어 오르는 물고기처럼 반짝거리며 튀어 오르는 것 같다.

우리들의 슬픔과 노동

아무래도 교사는 기쁨보다 슬픔에 더 민감한 존재인가 보다. 그는 웃고 즐거워하는 아이보다 우는 아이에 더 마음이 쏠린다. 우는 아이의 눈물이 짜기 때문이다.

그들은 재능이 많다. 그러나 평범하다. 인정도 있고 대체로 선량하다. 많은 이들이 그의 겉모습만 보고도 교사라는 걸 딱 알아맞힌다.

그들은 아이들을 사랑한다. 일반적인 부모들처럼 많은 교사도 아이들을 사랑한다고 하면서, 그러나 실제 행동은 그렇지 못할 때가 많다. 사랑할 수 없으면 내버려두는 게 오히려 나을 텐데, 그들은 자기만의 생각과 방식으로 사랑하려 든다. 그러면서 얼마나 아이들에게 갈등과 슬픔을 가져다 주는지에 대해 생각하려 하지 않는다.

다른 사람에 비해 그들은 자기가 살아 온 삶에 대한 경험이나 방식에서 쉽사리 벗어나려 하지 않는다. 아이들을 가르치는 교사라면 누구보다 먼저 자신을 변화하고 재조정하는 일이 필요하다. 그러나 그들은 그런 일에 완고하다. 아이들 앞에서 권위를 세워야 하기 때문일까? 생각보다 보수적이고 편협하며 자기 고집이 세다. 겉으로 드러내 놓고 주장하지는 않지만 그러나 속으로는 자기 고집을 뿔처럼 세운다.

그들은 또한 정답을 좋아한다. 정답이 없으면 불안해 한다. 그들의 세계관이나 사물을 보는 관점은 네모반듯하다. 그들은 안정적인 사회생활을 하지만, 지평선을 넘어서지는 못한다. 네모반듯함 속에는 누군가가 이미 지나간 길을 따라가려는 안일함이 숨어 있다. 그는 좀처럼 험악한 산길을 가려 하지 않는다.

그들은 홀로 있지 못한다. 홀로 있는 시간을 견디지 못하며 어떤 시스템(주류) 속에 들어 있어야 마음이 놓인다. 곰곰이 생각해 보면 이는 어린 아이한테서나 볼 수 있는 유치함인데, 많은 이들이 이 유치함에서 벗어나지 못한 채 주류에 끼지 못해 안달하거나, 그렇지 않으면 몇몇끼리 그룹을 만들어 자기들만의 또 다른 세력을 구축한다.

가르치는 사람이면서 그들은 무엇을 가르칠 것인가를 깊이 고민하지 않는다. 그가 가르치는 내용은 이미 정해져 있어, 올해 것이든 지난해 것이든 거의가 같다. 교과서와 참고서 속에 이미 내용이 제시되어 있으며, 사회라는 기계 속 톱니바퀴가 되도록 아이들을 이끌어 간다. 시간이 지날수록 빛을 멀리한 그들의 눈은 퇴화되고, 그런 눈으로 어떻게 아이들을 강을 건너게 하겠는가.

그런데도 깨어 있으려 하지 않는다. 깨어 있다는 것은 자기 생각과 느낌, 내부에서 일어나는 감정의 변화, 행동과 반응을 살피고 인식하는 일이다. 다시 말해 자신을 응시하고 자신과 맞대결하는 치열함을 말하는데, 이런 치열함이 그들에게 부족하다. 그러니 갈수록 지성은 빈약해진다. 깨어 있음에서 자신을 인식하고, 그럼으로써 자신과 타인, 사물과 세계에 근본적인 변화가 일어나는데도 말이다.

그는 자신이 지배와 강요 속에 자랐기에 아이들도 그렇게 되길 강요한다. 그러나 불안은 평화의 반대다. 무언가 내부에 두려움이 있는 사람은 아이들에게 자유와 평화를 가르칠 수 없다. 내부가 단련되지 않아 허약한데 어떻게 그 빛을 감당할 수 있겠는가. 무언가를 움켜쥐려 할 때, 또는 저의(底意)를 가지고 사람을 대할 때, 그의 영혼은 불안하지 않을 수 없다. 불안한 자신을 은폐하기 위해 때로 사랑을 부르짖지만, 그것은 위선이며, 그것이 위선임을 아이들이 먼저 안다.

그리고 가장 문화적이어야 할 그들이 문화적이지 못하다. 교사가 가장 문화적이어야 할 이유는 그들이 아이들 앞에 서기 때문이다. 문화는 토요일 오후 꽃꽂이 강습회에 나가는 그런 일이 아니라, 하루 시간을 어떻게 보낼 것인가 하는 삶의 구체적인 내용이며, 어떻게 사고하고 어떻게 행동하는가를 보여주는 존재의 드러냄이다. 한마디 말에도 그 존재의 깊이는 묻어 나오기 마련이다. 아이들은 그것을 보고 배우며 그렇게 되려고 따라 한다. 나무는 큰 나무 밑에서 자랄 수 없지만, 사람은 큰 사람 밑에서 자란다지 않던가?

자기 부정이 없는 사람은 죽은 사람이다. 흐르는 물에 떠내려가는 물고기일 뿐이다. 우리들의 슬픔은 그곳에 있다. 보고 공문을 두 시간 전에 받았을 때, 엎드려 있는 아이 앞에서, 아무리 해도 안 될 녀석이 보충수업에 학원에 그것도 모자라 과외까지 할 때, 도통 말이 없는 아이의 풀린 눈동자 앞에서, 지난 밤 술 취한 아버지에게 얻어맞아 눈자위가 시퍼렇게 멍든 아이 앞에서, 그리고 또 이혼할 때 부부가 원수로 헤어져 엄마 얼굴을 7년째 보지 못했다는 아이 앞에서, 우리는 정말 슬픈 것이다.

그러나 이러한 슬픔 속에, 무심히 흘러가는 일상 속에 우리들의 노동이 있다. 아이를 맡기고 출근해야 하는 아침 시간의 전쟁 속에, 정과수업에 보충수업 그리고 야자에 파김치가 되어 버린 헐거운 가슴에, 교직이 단순히 생계수단이 아닌 손톱으로 벽을 긁어 구멍을 뚫으려는 우리들의 쉼 없는 노동이 있다.

세모 치는 마음

    지난 여름방학 때였다. 학교에 갔는데 교감이 다가와 난처한 표정으로 물었다.

    "저번 유월에 한 전교조 시국선언에 서명했슈?"

    "서명요?"

    아닌보살로 내가 되물었다.

    "아, 왜 전에 전교조 선생들 시국선언한 거 있잖여? 그거 했나 안 했나 조사해서 보고하라는 공문이 왔어."

    "그래요? 그 공문 한번 봐요."

    공문을 보니 우리 학교 교사들 이름이 죽 나와 있고, 서명했으면

'예', 안 했으면 '아니오', 대답 없으면 '묵비'로 하라고 되어 있다. 그런데 희한한 것은 전교조 조합원 이외의 이름이 여러 명 명단에 나와 있다.

"뭐라고 하면 좋대요?"

"아이, 아무렇게나 혀. 했으면 했다고 허고 안 했으면 안 했다고 허구. 사람이 떳떳하면 그만 아녀? 나두 솔직히 이런 거 조사허기 힘들어. 여기 있는 사람들헌테 전부 전화해서 알아볼래 봐. 좋은 일 두 아니면서."

이런 이야기가 오가는데 갑자기 전화벨이 울렸다. 요지는 그런 거였다. 우리 학교에 A교사가 있는데, 이 사람은 오는 9월에 교감으로 승진해 나갈 사람이었다. 부자 몸조심한다고 학교에서 숨도 크게 쉬지 않는 사람이었다. 그런데 자기 이름이 시국선언 서명자 명단에 들어 있다며, 이건 분명히 전교조에서 서명 숫자를 부풀리기 위해 자기 이름을 일부러 집어넣은 것이니 진상을 밝혀야겠다는 거였다.

하여 나는 이미 본 명단을 다시 한 번 짯짯이 훑어보았다. 그런데 이게 웬일인가. 확인해 보니 진짜 그 사람 이름이 고사 상에 돼지머리 올라앉듯 떡하니 올라 있지 않은가. 그뿐만이 아니었다. 실제로 확인해 본 결과 서명을 하지 않은 여러 명의 교사가 조사 대상에 올라 있었다. 나중에 알고 보니 1만 7,000여 명의 서명자 신원을 파악하지 못한 교과부가 서명자의 이름이 있는 전국의 학교에 조사를 의뢰했던 것. 그리하여 충남의 경우 실제 서명자가 1,000여 명이었는데 조사 대상자는 그것의 일곱 배인 7,200여 명이었다는 것이다.

일의 내막이 밝혀진 후 서로 간 오해는 풀렸지만 이런 황당하고 어처구니없는 일에 우린 너나없이 분개했다. 하여 "서명하지도 않은 사람한테 서명했다고 조사하랬으니, 다음번에는 진짜 서명해야지." 하며 우스갯소리들을 하였는데, 그래서였을까? 그 후 한 달 뒤에 있은 2차 시국선언에는 1차 때보다 오히려 1만여 명이 더 많은 2만 8,635명이 서명하였다.

서명하니까 한 가지 생각나는 이야기가 있다. 1989년 여름이었다. 전교조 결성 문제로 서명을 했는데, 그때에도 당국의 지시에 의해 학교장이 서명자에 대해 조사했다. 조사 방법은 교사 명단에 서명한 사람은 동그라미, 서명하지 않은 사람은 가위표를 치는 것. 그때 전교조 교사들은 미리 입을 맞추어 가위표를 치기로 했고, 실제로 모두가 그렇게 했다. 그런데 우리 학교에 구 선생이라는 이가 있었다. 그는 전교조도 아니고 학교에서도 거의 말이 없는 사람이었다. 그가 다가와 내게 물었다. 어떻게 했느냐고. 나는 가위표를 쳤다고 사실대로 말했다. 그러자 그는 자신은 세모를 쳐 냈다고 했다. 그러면서 그가 말했다.

"저도 정말 서명해서 동그라미 치고 싶었습니다. 그러나 저의 모든 형편이 그럴 수 없었어요. 저같이 세모 치는 사람의 가슴이 어떤지 알겠어요? 진짜 전교조가 잘되려면 저처럼 세모 치는 사람의 마음을 헤아려주어야 합니다."

고뇌에 찬 그의 말이 20년이 지난 지금에도 잊히지 않는다.

오늘 아침 뉴스에 전교조 시국선언 교사 74명을 본격적으로 징계하겠다고 한다. 그리고 이에 맞서 징계 철회를 요구하는 교사들 움직임도 점차 날카로워지고 있다. 상황이 가팔라질수록 우리는 흑백논리에 따른 이분법적 사고에 빠지기 쉽다. 다시 말해 우리 편 아니면 적, 이렇게 말이다. 그러나 이런 때일수록 '세모 치는' 사람들 마음을 헤아릴 줄 알아야 한다. 지난 시기 전교조가 험난한 길을 헤쳐 온 힘도 사실은 세모 치는 사람들 마음에서 나왔으니까.

오늘 하루

드디어 말도 많고 탈도 많은 일제고사가 치러졌다. 고등학교 1, 2, 3학년, 중학교 3학년을 대상으로 해서이다. 이름도 지난해에는 '전국 학업성취도 평가시험'이었다. 올해는 '국가수준 학업성취도 평가'이다. 명칭에서부터 틀이 더 공고해졌음을 느낀다. '전국'보다는 '국가'라는 말에 무게가 실렸기 때문이다. 아마도 이러쿵저러쿵 떠들어대는 무리들 입에 재갈을 콱 물리고 싶어 하는 국가 차원의 지엄한 사고가 엿보인다. 그러나 그래 봤자 일제고사다. 성적에 따라 줄 세우기, 그에 따른 우민화 교육. 그래, 우민화 교육이다. 나는 이명박 정부의 교육정책의 본질은 우민화 교육이라고 본다. 오로지 '학력 향상' 하나에 모든 것을 몰아붙여 일체 다른 생각을 할 여지가 없도록 만드는 게 우민화 교육이 아니고 무엇인가. 그 이상의 내용을 찾아볼 수 없는 것이 바로 일제고사다. '국가'라는 말에서는 파쇼적 기미마저 엿보인다.

과연 국가 수준답게 시험이 치러졌다. 교감과 학교 직원들이 교육청에서 문제지를 받아왔고, 시험 당일 평가 업무를 맡은 교사들은 아침 6시까지 출근하라는 엄명이 떨어졌다. 감독교사는 미리 공개되어서는 안 되며, 한 교실에 두 명, 복도에 한 명씩 배치되었다. 그뿐이 아니었다. 시험 전날 전 교사와 해당 학년을 대상으로 일제히 시험에 대한 연수도 있었다. 가히 수능 시험에 버금가는 삼엄함이었다.

맑았던 날이 차츰 흐려졌다. 천둥이 치고 질금질금 비도 내렸다. 가을비였다. 어깨를 웅크리고 시험지에 얼굴을 처박고 있는 아이들 교실 유리창에 빗방울이 사선을 그으며 떨어졌다. 빗방울마다 '비애 비애' 하는 것 같았다. 퇴근 후 중앙시장 순대국집에 갔다. A와 함께였다. 막걸리 잔이 오갔다.

A도 교사였다. 그도 일제고사 시험 감독을 했다고 했다. 그가 새우젓에 순대를 찍으며 말했다.

"시험 감독하는데, 감독 교사들한테 교감한테 문자가 온 거예요. 자는 애들 모두 깨우라고. 그 문자를 받고 같이 감독하던 선생이 엎드려 있는 건영이 등짝을 손바닥으로 내리친 거예요. 얼마나 세

게 쳤는지 정말 교실이 쾅 하고 울렸다니까요. 그러니까 애가 부스
스 일어나 넋이 나간 얼굴로 문제 푸는 시늉을 하는데, 그 순간 눈
물이 핑 돌더라구요."

그러면서 그가 말을 이었다.

"그런데 그 선생이 전교조 선생이에요. 어떻게 전교조 한다는 사
람이 그럴 수 있어요?"

그가 숨을 몰아쉬며 술잔을 들이켰다. 그는 전교조 교사들이 학
교에서 더 문제될 때가 많다며 안타까워했다.

"건영이를 보니까 그 큰 덩치가 책상을 꽉 끌어안고 고개를 숙
인 채 뭔가를 열심히 하고 있더라고요. 얼마나 놀랐을까 하는 생각

에 제가 가서 말없이 그
아이 머리를 쓰다듬어 주
었어요. 그러면서 보니까
이 녀석이 문제를 푸는
게 아니라 시험지에 그림
을 그리고 있더라고요."

"그림? 어떤 그림인
데?"

내 말에 그가 가방을
열어 시험지를 꺼냈다.

"시험 끝나고 나서, 이

그림 나 달라고 해도 안 주길래 겨우 얻어왔어요."

그림을 보는 순간 불콰하던 술기운이 싹 가셨다. 온몸에 소름이 오소소 돋고 전율마저 일었다. 그림 속 벌레들이 튀어나올 정도로 선명하게 보이고, 잠시 후 이것들이 꼼지락거리며 움직이기 시작했다. 무수한 벌레들이었다. 똥무데기 주변에 움씰거리는 벌레들. 날아오르는 파리 떼. 어느 문학보다 거대한 상징이었다. 어느 풍자보다 날카로운 일침이었다.

"오늘 술 그만 먹고, 집에 가서 이 그림 스캔해서 나한테 좀 보내 줘."

우린 자릴 털고 일어섰다. 사그라지는 하루 문턱에 비는 여전히 내렸다. 나는 오늘 있은 일을 소재로 글을 쓸 생각을 하며 시내버스에 올랐다.

왕따쟁이 명환이

　메일이 하나 왔다. 처음 보는 아이디였다. 열었다. 선생님 안녕하세요, 라는 말에 이어 다짜고짜 자기는 5년 전 M중학교 때 제자이며 지금은 농업계 고등학교에서 농업기계정비기능사 자격증을 따기 위해 노력한다고 했다. 문득 선생님이 생각나서 메일을 보낸다며 열심히 해 꼭 자격증을 딸 테니 지켜봐 달라는 내용이었다.

　얼굴이 아슴푸레하게 떠올랐다. 몸집이 조그맣고 눈도 대추씨처럼 작았다. 겁먹은 듯 늘 고개를 이쪽저쪽으로 돌렸다. 머리칼이 밤송이처럼 쭈뼛쭈뼛했고 머리통이 커 몸 전체 균형이 맞지 않았다.

　명환이를 처음 만난 것은 중1때였다. 지금도 그렇지만 그 전에도 나는 아이들을 만나는 첫 시간에 내 소개부터 한다. 내가 태어나 중학교에 입학하기까지 이야기를 아이들에게 들려주는 데 걸리는 시간은 약 두 시간. 교사와 학생 사이 서먹한 분위기를 없애고, 또 아이들이 자기소개를 어떻게 해야 할지에 대해 시범을 보이기 위해서다.

그 후 말하기 수행평가 시간에 자기소개를 하게 되었다. 명환이 차례였다. 명환이가 나와 교탁 앞에 서자 벌써부터 여기저기에서 웃음이 터졌다.

나는 1992년 6월 7일 새벽쯤에 태어났다. 2살 때쯤 처음으로 기어다녔고 3살 때 걸어다녔다. 4살때쯤 아빠, 엄마에게 엄마는 아빠라고 불렀고 아빠한테는 엄마라고 불렀던거같았다. 5살때쯤 스타크래프트의 미션을 다 클리어했다. 6살 때 유치원을 다녔고 7살 때 처음으로 땡땡이를 첬었다. 그리고 아빠, 엄마가 이혼을 했다. 8살 때 나는 아이들이 나를 왕따시켰다. 그러고나서 서울로 전학을 왔는데 또 왕따였다. 9살 때 1주일이나 친척형하고 학교를 땡땡이 첬다. 역시 왕따엿다. 10살때쯤 나는 대구로 전학을 와서도 왕따엿다. 그때는 아파트 뒷산에 올라가는데 거기에는 말각정, 훌라후프, 철봉 등이 있었는대 거기서는 큰 개가 있었는대 그때는 왕따여서 그 개하고 많이 놀았다. 11날때쯤 자폐증이 조금이었엇다. 연필이랑 대화도 해봣다. 근대 11날 때도 왕따였다. 그리고 전학을 갔다. 12날대 던날 나는 신의축복을 밧은듯 기뻣다. 왜내하면 첫친구가 생겻기 때문이다. 그런대 그 친구 한명박에 없어서 전학을 가게되고 나는 그 친구를 잃을 수 없었다. 전학을 가게되면 또 왕따 가될거같아서 가지싫엇는대 그럿치 않았다. OO초등학교에서는 친구도 많이 생겨서 왕따는 아니여서다행이엿다. 이재 초등학교 최고학년에 올랏다 13날이된것이다. 6학년때 학원을 다녓고 성적이 조금올랏다. 6학년때는 별일이 없엇다. 이재 졸업이다 뭐..졸업은 기쁘지도 않고 나쁘지도 않았다. 이재 14날! 중학교 1학년이다 여기서는 왕따당하면 안되겟다.

명환이가 한마디하면 아이들은 배꼽을 잡고 뒹굴었다. "그래서 어떻게 됐어?" 또는 "그때 뭐했어?" 같은 질문이 수도 없이 쏟아졌고, 아예 아이들 질문에 답하느라 명환이는 말을 할 수 없을 지경이었다. 처음에 긴장했던 명환이도 차츰 아이들 말에 답하며 웃기도 하고, 건너뛰느라 생략된 사이사이의 말을 마치 쉬는 시간 친구들과 이야기하듯 자연스럽게 이야기했다.

"김명환 A+!"

말하기가 끝난 후 점수를 불러 주자, 아이들이 일제히 환호성을 질렀다. 명환이도 얼굴을 붉힌 채 믿기지 않는다는 표정이었다.

그 후 명환이 별명은 '왕따쟁이'가 되었다. 나는 아이들이 명환이 별명을 불러댈 때마다 가슴이 조마조마했다. 혹 그로 인해 명환이가 상처를 입지 않을까 해서였다. 그러나 희한하게도 명환이는 그런 일에 별로 개의치 않는 표정이었다. 이따금 "야, 너 애들이 너보고 왕따쟁이라고 하는데, 기분 나쁘지 않냐?" 하고 물으면 괜찮다고 했다. 아이들이 말은 그렇게 해도 실제로 왕따시키지 않는다고 했다.

나는 명환이에게 한글 맞춤법을 가르쳤고, 따로 시간을 내어 그아이가 겪어온 일을 직접 자서전 식으로 써보게 하였다.

그런 명환이가 5년 만에 메일을 보내온 것이다. 그것도 당당하게, 딱 한 번!

나는 교직에 있으면서 한 인간(학생)을 이해하는 데 내가 가지고 있는 오성(깨닫는 능력)이 얼마나 보잘것없는가를 실감할 때가 많다. 명환이만 해도 그렇다. 난 그가 농업기계정비사 자격증을 따겠다는 말이 솔직히 믿어지지 않는다. 그동안 명환이 내부에 있던 무엇이 발화하여 오늘날 그가 되게 하였을까.

아이들 앞에서 교사가 겸손해져야 할 근본적인 이유이다.

가출쟁이 자영이

　김 선생을 통해 자영이를 알게 되었다. 김 선생은 체육선생이었는데 일학년 담임을 하고 있었다. 그는 탁구를 잘 쳤다. 나는 이따금 그와 강당에서 탁구를 같이 쳤다. 탁구를 치면서 우린 자연스레 그 반 아이들에 대해 이야기했다. 그는 자영이 때문에 골머리를 앓는다고 했다. 학교를 나오지 않아 무슨 말을 할 수도 없을 뿐 아니라, 어쩌다 나오면 거짓말을 밥 먹듯 해대는 바람에 어떻게 해야 할지 모르겠다는 것이다. 가정방문을 해 집에 가 보면 아버지는 없고 새엄마가 있는데, 무슨 말을 해도 씨알도 안 먹힌다고 했다.

　"저도 정말 지쳤어요. 학교에서도 그냥 내버려두래요. 출석일수

모자라면 그때 가서 어떻게 해 보재요."

그는 자영이에게 어지간히 지쳐 있었다. 그 애만 생각하면 잠도 안 오고 소화도 안 되어 속이 쓰리다고 했다.

"걔 언제 학교 나오면 나한테 한번 넘겨 봐."

많은 생각 끝에 내가 한 말이었다. 나도 자영이를 알고는 있었지만, 김 선생을 통해 자세히 알게 되면서 그 아이에 흥미를 더 갖게 되었다. 흔히 말썽꾸러기라는 아이들은 그렇지 않은 아이들보다 맨몸으로 세상을 살아내야 하기 때문에, 일찍부터 자기만의 처세가 몸에 배기 마련이다. 거짓말도 그래서 하는 것이며 어떤 위악적인 행동도 그래서 하게 된다. 열악한 세상을 열악한 조건으로 살아내야 하기 때문에 어린 나이에 어른 못지않은 위악성을 갖는다.

슬픈 일이지만 그것은 사실이며, 그것을 이해하지 못할 때 우린 한 인간(아이)과의 진정한 만남을 일구어내기 어렵다. 혼내고 때리고 윽박지르고 반성문을 받고 부모에게 아무리 서약서를 쓰게 해도 여전히 문제가 해결되지 않고 남는 것은 아이(인간)와 교사 사이 가로놓인 벽을 허물지 않았기 때문이다.

어느 날 김 선생이 자영이를 내게 데리고 왔다.

"지금 네가 어떤 상황인지는 잘 알고 있지? 앞으로 3일만 더 학교 빠지면 출석 미달로 이 학년에 못 올라가. 어떡할래? 결정은 네가 해. 네가 학교만 나온다면 선생님이 널 도와줄 수 있어. 하지만 그렇지 않으면 나도 어쩔 수 없다."

그렇게 하여 시작한 일이 자영이의 자서전 쓰기였다. 우린 매일 아침 도서실에서 만났다. 처음엔 자영이 이야기를 들었다. 그런 다음 지금까지 있었던 일을 글로 써 보자고 하였다. 우린 얼마 남지 않은 이 학기 동안 우리가 써야 할 내용을 세분하여 하루에 서너 줄, 혹은 대여섯 줄씩 써 나갔다. 자영이가 써 온 것을 같이 읽으며, 고치고, 다음 날 쓸 내용에 대해 이야기했다.

이제부터 지금까지 내가 살아온 이야기를 써 보겠다.

나는 엄마랑 아빠랑 어떻게 만나게 되었는지 잘 모르고, 내가 어떻게 태어났는지도 잘 모른다. 나중에 커서 들은 얘기로는 엄마랑 아빠랑 결혼하기 전에 엄마는 이미 이혼을 한 상태에서, 아이가 둘이나 딸려 있었다고 한다. 그리고 아빠는 총각이었는데 엄마하고 결혼을 하여서 나를 낳았다고 한다.

결혼한 후 아빠와 엄마는 수원에서 살았다고 한다. 아빠는 회사에 다니고 엄마는 집에서 살림을 했다고 한다. 그러던 중 아빠가 무면허로 구속이 되었다. 아빠가 집에 없자 엄마는 딸들을 집에 남겨둔 채 그대로 집을 나갔다. 그래서 우리 집에는 아빠가 안 계시고 나와 새로 태어난 내 동생과 그리고 엄마가 결혼할 때 데리고 온 두 딸이 있었다. 그런데 큰고모가 와서 나와 내 동생을 전라북도 익산시 용안에 있는 외할머니 댁으로 데려다 주었다.

막내 동생은 태어나자마자 작은 아버지 댁에 양자로 갔다. 그 후 막내 동생은 작은 아버지 댁에서 자라며 지금도 거기에 있다. 나는 가끔 막내 동생을 보러 방학 때 작은 아버지 댁에 놀러 가는데, 그곳에서 동생을 보면 동생이 내 친동생이라는 걸 말하고 싶어진다.

나는 어려서 엄마가 집을 나간 충격에 말을 하지 않았다. 배고프면 그냥 참았다. 왜 그랬는지는 자세히 모른다. 아빠가 교도소에서 나온 후 나는 아빠와 둘이 전에 살던 집에서 살았다. 아빠는 교도소에서 나온 후 회사 일을 그만두고 그냥 무직으로 지냈다.

엄마는 내가 어려서 집을 나간 후 지금까지 한 번도 나한테 연락한 적이 없다. 할아버지한테는 가끔 연락이 온다고 하고, 큰고모에게는 연락도 오고, 어디에 사는지도 알고 계신다고 한다. 그런데 내가 엄마를 만나지 않는 것은 엄마를 만날 필요가 없다고 생각했기 때문이다. 엄마는 우리를 포기하고 나갔으니깐 나도 엄마를 볼 필요가 없다.

5살 때부터 나는 아빠와 같이 살았다. 아빠와 같이 살면서 익산 용안에 있는 어린이집에 다녔다. 어린이집에서는 친구들과 놀다가 다친 적이 많았는데 그 중에서도 한 여자아이와 뺑뺑이를 타다 넘어졌는데, 그로 인해 심한 부상을 당했다. 그 후 나는 다시는 삥삥이를 타지 않았다.

그렇게 살다가 6살 때 새엄마가 들어오셨다. 새엄마는 아빠와 살기 전에 다른 아저씨와 결혼하여 살다가 나와서 아빠와 결혼하지 않고 같이 살게 되었다. 새엄마는 애기가 없었다. 체형은 뚱뚱하고 쌍꺼풀이 없고, 입술이 약간 앞으로 나왔다. 새엄마는 처음에 나한테 잘해줬다. 새엄마는 맛있는 것도 많이 해주고 장난감이나 인형 같은 것들도 많이 사주었다.

2000년에 새엄마가 동생을 낳았다. 동생은 남자 아이다. 동생이 2살 때 말도 하고 걸음마를 할 때쯤 새엄마가 나를 차별하기 시작했다. 그 전에는 욕을 안 했는데, 말끝마다 욕을 하고, 때릴 때는 손에 잡히는 대로 아무 걸로나 때렸다. 새엄마는 나에게 화풀이도 하고 조금이라도 잘못하면 때렸다.

여섯 살 때 우리 가족은 목천으로 이사 왔다. 목천에서 목천 병설유치원에 다녔다. 그리고 졸업을 해서 목천초등학교에 다녔다. 학교에서 재미있었던 일은 소풍 가서 놀이기구를 탔던 일이다. 학교 다니는 동안 새엄마는 나를 계속 때리고 욕을 하였다. 그래서 나의 마음을 아프게 했다.

그 후 초등학교 3학년 때 처음으로 가출을 하였다. 박 모양이라는 아이와 같이 가출을 하였는데, 박 모양은 목천초등학교 3학년 1반 친구였다. 박 모양은 집이 목천읍 보라 아파트였고, 나는 운전리 소원아파트였다. 집이 서로 멀었다. 박 모양은 집안은 보통 가정인데, 박 모양 엄마는 친딸인데도 밥해 봐라, 빨래해라, 청소해라 등등 일만 시켰다. 나는 박 모양과 가출하여 둘이서 집 근처를 돌아다녔다. 그리고 박 모양네 집에 가서 놀기도 하고, 음식도 만들어 먹었다. 학교를 결석하여 선생님께 혼났다. 그런 식으로 엄청 많이 가출을 하였다.

이렇게 내가 가출을 많이 하자 아빠는 나를 정신 좀 차리고 공부도 시킬 겸 익산에 있는 할아버지 댁으로 보냈다. 할아버지 댁에서는 마음잡고 학교에 잘 다녔다. 그러다 다시 6학년 때 목천으로 와 새엄마와 같이 살았다.

가출을 해서 기억에 남는 일은, 6학년 때 PC방에서 붙잡힌 일이다. 박 모양과 김 모군, 박 모군, 나 이렇게 넷이서 가출을 했는데 박 모양 때문에 우리 아빠에게 걸렸다. 그날 나는 아빠한테 맞았는데 얼마나 맞았는지 기억도 나지 않는다. 초등학교 때 기억나는 건 가출, 선생님한테 혼난 것, 아빠 엄마한

테 맞은 일밖에 없다.

가출을 하다 붙잡혀 들어가면 새엄마는 식모살이를 시키다시피 했다. 밥 짓기, 빨래하기, 설거지, 방 청소, 그리고 밭에서 밭일도 시켰는데 밭일은 콩 심고, 풀 뽑고 그런 일이었다. 나는 초등학교 때 가출을 대략 60번 정도는 한 것 같다.

그 후 나는 목천중학교에 입학했다. 중학교에 입학했을 때는 모든 게 낯설었다. 그러다 신 모양과 친해졌다. 그런데 갑자기 유 모양 친구들이 와서 신 모양과 친해져버려서, 나는 외톨이가 되었다. 신 모양과 친했을 땐 학교도 잘 다니고 모든 게 즐거웠는데, 박 모양과 다닐 때는 땡땡이도 치고 2학년 오빠들을 따라 놀러 가기도 하고 찜질방에서 놀기도 했다. 그래서 자연스럽게 담배도 피우게 되고 술도 마시게 되었다.

이렇게 해서 나는 학교를 자주 빠지게 되고(선생님 말씀으로는 앞으로 학교에 더 빠지게 되면 2학년에 못 올라간다고 하면서) 아이들 물건도 훔치고, 교실에서도 따돌림을 당하게 되었다. 훔친 물건은 돈이고(제일 많은 게 1만 원이다) 지금까지 한 여섯 번 훔쳤다.

중학교에 다니면서 제일 힘들었던 건 따돌림이었다. 지금 생각하면 아이들이 나를 따돌린 게 당연하다고 생각한다.

이렇게 학교에 적응을 하지 못하고 방황하던 중 올해 7월 시내에 나가서 애들이랑 놀다가 집에 오는 길에 버스 안에 붙어 있는 '청소년 보호 센터'라는 광고를 보게 되었다. 그 광고에는 가출 청소년, 취업 상담, 무료 숙박이라고 써 있었다. 그래서 나는 PC방에서 인터넷으로 그곳을 찾아보았는데 가는 길이 복잡했다. 그래서 전화를 했는데 성정동 가구거리 라자가구 2층이라고 했다. 그렇게 해서 성정동에 있는 대안학교라는 곳에 가게 되었다. 그곳에 가서 상담을 하였더니 내 이야기를 듣고 교육을 받으라고 하였다. 그래서 아빠에게 연락하여 허락을 받고, 담임선생님께도 연락을 했다. 청소년 보호 센터에는 중고생이 16명이 있었다. 하루 일과는 정각 7시에 일어나서 이불 개고, 씻고, 밥 먹고, 사복으로 옷 갈아입고 그리고 대안학교에 갔다.

대안학교는 청소년 보호 센터 안에 있는 학교인데, 대안학교에서는 보통학교처럼 수업을 하고, 대안교실에서는 교육(금연, 성교육)을 받았다. 나는 대안교실에서 온양중 3학년 남자 오빠, 금산이 집인 고3 오빠와 같이 있었다.

교육을 받다가 시간이 나면 수영장이나 볼링장에 갔다. 다른 오빠들이 나를 잘 챙겨주고 마음도 잘 맞아 집보다 더 편했다. 거기에서 일주일 정도 있는데 엄마가 억지로 집으로 데려갔다.

그리고 여름방학이 되었다. 나는 여름방학 내내 집에만 갇혀 있었다. 현관문조차 나서지 못했다. 새엄마가 내가 밖에 나갈까 봐 감시했기 때문이다. 그런 어느 날 아빠가 무면허 운전으로 걸

겨서 구속이 되었다. 아빠는 KAC라는 회사에 다녔는데, 운전을 해야 회사에 다닐 수 있어서 무면허로 다니다 걸린 것이다.

나는 2학기 개학이 돼서야 처음으로 집 밖으로 나올 수 있었다. 2학기부터는 학교에 잘 나왔다. 아빠가 대전 교도소에 구속되고 나는 엄마와 거의 말을 안 하고 지냈다.

그렇게 지내던 어느 날 11월 20일쯤에 나는 우리 학교 국어선생님과 처음 상담을 했고, 매일 아침 상담하면서 '자영이의 아리랑 고개'라는 이 글을 쓰게 되었다. 이 글은 쓰면서 나는 지금까지 내가 살아온 시간을 되돌아볼 수 있었다. 아빠는 두 달쯤 교도소에 있다가 얼마 전에 풀려 나셨다. 아빠가 집에 계시니 좋았다. 친구들도 내가 학교에 잘 나오자 박 모양뿐만 아니라 다른 아이들과도 친해지고 담임선생님께서도 내가 학교생활 잘한다고 칭찬하셨다.

이제 학교도 잘 다니고 친구들도 많이 사귀어서 학교생활을 잘할 것이다. 그동안 담임선생님과 국어 선생님께 고맙습니다.

자서전 쓰기를 하면서 우린 한 달여 동안 하루도 빠지지 않고 만났다. 자영이는 나를 만나는 것을 자랑스러워했다. 아마도 처음으로 어른에게 인정받고 있다는 느낌에서였을 것이다. 초등학교 때 60번이나 가출을 했던 자영이었지만 여느 아이와 똑같은 소망을 가지고 있었으며, 다만 상처를 많이 받았고, 그로 인해 세상에 대한 나름대로의 처세관을 가지고 있었다.

자영이는 이 학년에 무사히 진급했다. 자영이가 이 학년에 올라가던 해 나는 다른 학교로 전근을 갔다. 학생들에게 이임 인사를 마치고 교무실로 돌아오는 나에게 자영이가 사탕으로 만든 조그만 꽃바구니를 선물했다.

제2부

왜 10억인가

180센티미터

    한 여대생이 TV에서 "외모도 경쟁력이고 180센티미터 이하의 남자는 루저"라고 했다 한다. 그러니까 키 180센티미터 이하의 남자는 실패자란 말이겠다.

    그 여대생 참 당돌하기도 하다. 거침없이 속내를 드러냈기에 말이다. 하지만 그 학생이 드러낸 속내라는 것도 따지고 보면 자기 내면에서 우러난 사유 결과라기보다는 경쟁사회에서 타자에 의해 주입된 가치관일 가능성이 더 높다.

    아무튼 이 발언은 수많은 남성들을 발끈하게 하기도 하고 참담하게 하기도 했으며, 그리하여 반발하게 했다. 인터넷 사이트마다 이에 대한 기사가 넘쳐났고, "나는 180이 안 되는데도 한 번도 루저라고 생각해 본 적이 없다"는 다소 저급한 해명성 발언이 쏟아져 나오기도 했다.

나는 이 기사를 접하며 몇 가지 것들을 떠올렸다. 우선 나 자신에 대해서다. 나는 키가 작다. 불편할 때가 많다. 학창시절 만원버스에 매달려 학교 다닐 때, 붐비는 지하철에서 손잡이도 잡지 못하고 흔들릴 때. 그럴 때 키가 좀 컸으면 하는 생각을 가져 본 적은 있다. 그러나 자신을 실패자라고 생각하진 않았다.

그 다음 떠오른 생각은 우리 사회 성性과 관련한 사회적 흐름의 변화이다. 지금까지 우리 사회에서 성에 대한 선택권은 주로 남자들에게 있었다. 예컨대 '참하게 생겼다'에서부터 '복스럽다', '맏며느리 감이다', '팔등신에 쭉쭉 빵빵', '섹시하다' 같은 말들이 그러하다. 물론 남아선호 사상을 바탕으로 하는 남성 중심 사회이기 때문이다.

그런데 "180 이하는 루저"라는 도발적 발언은 이

러한 의식 구조에 파열구를 냈다는 점에서 주목할 필요가 있다. 지금까지는 남자가 여자를 선택했는데, 이제부터는 여자가 남자를 선택할 것이고, 그것의 신체 기준은 키 180 이상이 되어야 한다는 사실을 만천하에 공개적으로 선언한 것이다.

원래 진화론적 관점에서 보면 자연계의 모든 개체들은 보다 훌륭한 유전자를 받아들이기 위해 암컷이 수컷을 선택한다고 한다. 겉으로 볼 때는 수컷이 암컷을 차지하기 위해 싸우지만 사실 선택의 권리는 암컷에게 있으며, 수컷의 힘이나 화려한 외모 향기 등은 암컷에게 잘 보이기 위한 것일 뿐이라고 한다. 그런 면에서 본다면 우리 사회에서 남성들은 그동안 자연계의 순연한 질서를 거스르면서 성에 대한 독점적 지배권을 행사해 왔다고 해야 할 것이다.

선언적 발언에 또 한 가지 머릿속에 자막처럼 흘러간 말이 '우생학'이란 단어였다. 우생학이란 유전학적인 방법으로 인간을 개선시키고자 하는 학문이다. 1883년 영국의 과학자 프랜시스 골턴(이 사람은 진화론의 창시자 찰스 다윈의 사촌임)에 의해 창립되었고, 그는 유명인사인 남성과 부유한 여성들이 결혼하면 계속 천부적 재능을 가진 종족을 만들 수 있다고 제안하였다.

이후 미국에서는 골턴의 주장을 지지하여 이탈리아, 그리스, 동유럽 국가와 같이 열등한 종족에 대한 이민을 제한하려 하였고, 정신병자나 저능아, 간질병 환자 등에 대한 불임법을 통과시켰다.

우생학에 의한 불임시술은 나치 정권에 의해 극에 달했다. 그들은 '유전적 질병을 가진 후손을 예방하기 위한 법률'을 통과시켜 (1933), 여러 질병이 있는 사람과 알코올 중독자까지 강제 불임을 시행했다. 그리고 이러한 강제 조치는 이후 안락사 계획으로까지 확대되어, 실제로 히틀러는 비밀지령을 내려 장애인 6만~8만 명을 학살했다.

흔히 우스갯소리로 얼굴은 미남 배우 아무개, 머리는 누구 것, 근육은 누구의 근육을 떼다 붙이면 완벽한 인간이 될 것이라고 한다. 또 컴퓨터로 두 인물의 특징을 섞어 혼합하거나 특정 부위를 오려 붙여 기이한 형상을 만들어 놓고 낄낄거리기도 한다. 그러나 "180 이하는 루저"라는 말에서는 이러한 우스개나 장난기가 느껴지지 않는다. 오히려 어떤 양심, 결기, 비장함이 느껴지는데, 왜 그럴까? '루저' 곧 '실패자'라는 단정적 언사 때문일까?

분명한 것은 현실사회의 반영에서 이 말도 나온 것이고, 또 공감의 폭이 넓어져 간다는 것이다. 태어나 먹고 자라는 게 키 크게 한다는 분유이고, 보고 자란 동화나 인형이 늘씬한 백인 주인공 일색이며, 생장점 수술에 키 높이 구두에 모든 상품과 광고가 180에 맞춰져 있으니, 그 이하의 것들은 루저라는 말도 그리 지나친 말은 아닌 것이다.

태도의 문제

    학교가 오래되어 낡았다. 그런 학교일수록 자연 풍광은 좋기 마련인데, 그 학교가 그랬다. 진입로부터 양쪽에 아름드리나무가 자라서 봄 여름이면 장엄한 녹색 터널을 이루었다. 자그마한 학교 건물이 울창한 나무숲에 담쑥 안긴 모습이었다.

    상담실은 2층에 있었다. 처음부터 상담실로 지은 공간은 아니고, 아마도 그 즈음 학교에서 학생 상담의 중요성이 부각되고, 그래서 상담실을 마련하라는 상급기관의 권유에 의해 급조된 것 같았다. 바로 옆 칸이 여학생 화장실이었는데, 허술한 나무 벽으로 상담실과 화장실 사이를 가로막고 있었다.

나는 상담 업무를 맡아 상담실에 근무했다. 시설과 환경은 열악했지만 2층에서 내려다뵈는 학교 앞 툭 트인 들과, 유리창에까지 자라 오른 화단의 나무들을 보며 나는 행복해 했다.

그런데 한 가지 흠이 있었다. 여학생 화장실에서 나는 온갖 소음이 여과되지 않고 상담실로 그대로 흘러들어 왔다. 여학생들이 얼마나 수다스러운가. 쉬는 시간이든 점심시간이든 마땅히 모여 떠들 곳이 없는 아이들에게 화장실이야말로 웃고 떠들고 욕하고 킥킥거리는 수다의 장이었다.

점심시간이었다. 무슨 일엔가 몰두하느라 나는 온갖 정신을 한 곳에 집중하고 있었다. 그 때 옆 화장실에서 여학생의 소곤거리는 소리가 들렸다. 킥킥 웃다가 크게 소리쳐 말하다가 또 소곤소곤소곤. 여간 신경 쓰이는 게 아니었다. 나는 일하다 말고 일차로 주의를 주었다. 벽을 똑똑 두드리며 조용히 하라고 했다. 벽 너머에서 "네." 하는 얌전한 목소리가 들려왔다.

다시 일에 집중하는데 한동안 쥐 죽은 듯이 있던 여학생들이 다시 소곤소곤 떠들기 시작했다. 잠시 조용하길래 밖에 나간 줄 알았는데 여전히 화장실에서 떠들고 있었다. 아까보다는 소리가 작았지만, 킥킥거리다, 목소리를 눌러 소리치다, 다시 연이어 소곤소곤. 난 다시 화가 나 처음보다 목소리를 높여 조용히 하라고 했다. 벽을 손으로 쿵쿵 치며 밖에 나가 놀라는 말도 덧붙였다. 이번에도 벽 너머에서 "네." 하는 상냥한 목소리가 들려왔다.

짜증이 나는 걸 참으며 다시 일에 집중했다. 그런데 또다시 떠드는 소리가 들렸다. 확실히 조심하는 목소리였으나 신경에 거슬리기는 마찬가지였다. 순간 화가 치밀어 올랐다.

"이것들이 말로 해선 듣질 않는군."

나는 자리를 박차고 일어나 화장실로 갔다. 문을 확 열어젖히자 2학년 여학생들이 깜짝 놀라 손을 맞잡은 채 몸을 웅크렸다.

"야. 너들 내 말 안 들려. 밖에 나가 놀래두 왜 여기서 그래?"

나는 목에 핏대를 세우며 얼굴을 붉혔다.

"죄송합니다."

기어들어가는 목소리로 한 아이가 말했다. 난 당장 밖으로 나가라고 소리친 다음 씩씩거리며 자리로 돌아왔다. 자리에 앉았는데도 쉽사리 화가 가라앉지 않았다. 집중하던 정신은 어느새 흩어져 마음이 어지러울 따름이었다. 나는 흥분을 가라앉히지 못한 채 멍하니 앉아 있었다. 그러면서 방음 시설 하나 제대로 갖추지 않은 학교 환경에 짜증이 났다.

그렇게 있는데 돌연 이런 생각이 떠올랐다. 내가 하던 일이 어찌 됐건, 아이들에게 일방적으로 화를 낸 사실이 부끄럽고 미안했다. 내 주변에서 일어난 상황이 무엇이든, 어쨌든 화를 낸 건 나였고, 그렇게 상황에 즉각 '반응'한 나 자신이 부끄러웠다. 나는 나의 태도를 바꾸기로 결심했다. 나는 아이들에게 사과하기로 마음먹고 다시 화장실에 갔다. 그때까지 아이들은 밖에 나가지 않고 그 자리에서 소곤소곤 들리지 않을 소리로 이야기하고 있었다.

"미안하다, 얘들아. 너희들 야단쳐서. 사과할게."

내 말에,

"괜찮아요. 선생님. 그래서 우리가 선생님을 좋아하거든요."

아무 일도 없다는 듯이 아이들이 쾌활하게 말했다. 헝클어졌던 마음에 가닥이 잡히고, 따뜻한 물속에 들어가 있는 것처럼 마음과 몸이 편안해졌다.

흔해서 좋은 것들

봄이 되면 꼭 하고 싶은 일이 있었다. 어머니 돌아가시고 난 후부터 이런 소망이 가슴 깊이 자리 잡았다. 쑥을 뜯어 쑥개떡을 쪄 먹어 보는 일이었다.

올봄에 마음먹고 집 주위를 어슬렁거렸다. 때가 되자 오글오글한 봄 햇살에 쑥들이 나불나불 돋아나기 시작했다. 설레는 마음에 나는 그 싹을 뜯어 냄새를 맡아 보기도 하고, 융처럼 보드라운 이 파리를 얼굴에 대고 문질러도 보았다.

이윽고 쑥이 새끼손가락만 하게 자라는가 싶더니 며칠 새 홀쩍 커 한 뼘 남짓 불쑥 자라 올랐다. 햇빛 가리개 모자를 쓴 할머니와 아줌마들이 땅에 엎드려 쑥을 뜯었다. 나도 일요일 오후 들에 나갔다. 쑥은 도처에 엄청나게 돋아 있었다. 밭두렁에도 쑥, 산자락에도 쑥이었다. 민들레꽃 사이사이, 찔레나무 덤불 밑 쑥이 지천으로 널려 있었다.

비닐봉지에 하나 정도 뜯었는가 싶은데 전화가 왔다. 하는 수 없이 쑥 뜯는 일을 중단해야 했다. 나는 뜯어온 쑥을 뒤 베란다에 봉지째 놓아 두었다. 하루 이틀 지나자 그것들이 이내 시들부들 시들었다. 하는 수 없이 퇴근길 중앙시장에 갔다. 완두콩을 사고 둥근 애호박을 사면서 할머니가 뜯어온 쑥을 샀다. 7,000원에 거짓말 안 보태고 한 부대였다. 며칠 전 내가 뜯은 것은 돈으로 치자면 200원어치나 될까말까 한 거였다. 어디에서 뜯었냐니까 농약 친 것 아니니 걱정 말라고 했다.

집에 와 물로 깨끗이 씻었다. 쑥 씻은 물에 시퍼런 쑥물이 배어나왔다. "민중의 넋이 주인 되는 / 참세상 자유 위하여 / 시퍼렇게 쑥물 들어도 / 강물 저어 가리라"라는 「솔아 푸르른 솔아」라는 노래도 흥얼거렸다. 네댓 번 헹궈내자 검불이며 잡티 등이 빠져 깨끗해졌다. 그것들을 바구니에 담아 물기를 쏙 뺐다. 이제 방앗간에 가져가 쌀과 함께 섞어 빻기만 하면 된다. 거창한 위업을 이룬 사람처럼 가슴이 뿌듯하게 부풀어 올랐다.

올 들어 쑥개떡을 두 번 쪄 먹었다. 일요일 집에 있을 때, 게다가 날씨가 비라도 올 것 같이 끄느스름할 때, 냉장고에 있는 개떡 원료

를 꺼내 물에다 조물조물, 손바닥으로 납
작 눌러 쪄내면 영락없이 살아생전 어머
니가 해 주신 그 쑥개떡이 되었다.

어려서 어머니는 우리들에게 개떡을
많이 쪄 주셨다. 봄이 오면 쑥을 뜯어 쑥개떡
을 쪄 주셨고, 여름이면 밥솥에 호박잎을 깔고 밀개떡을 쪄 주셨다.
후녁후녁한 밀가루 반죽에 강낭콩 따위를 까 넣어 쪄낸 밀개떡은
먹을 게 부족해 늘 속이 굴품했던 우리들 하루 주전부리로 그만이
었다.

쑥이나 호박잎이나 강낭콩이나 둘러보면 참 흔한 것들이다. 흔
한 만큼 생명력이 강하고, 흔한 만큼 그네들이 살기 위해 차지하는
땅도 비좁다. 그런데 그것들이 우릴 먹여 살렸다. 쑥만 해도 우리
생활에 쓰이지 않는 곳이 없다. 약재로 뜸으로 개떡 원료로 심지어
한여름 달려드는 모기를 쫓는 모깃불로.

왜 이렇게 흔했을까? 그만큼 많은 사람들이 필요해서였을 것이
다. 귀한 것은 사실 범속한 사람들의 생활에 스며들 여지가 별로 없
다. 하루하루 살아가는 일상이 대수롭지 않듯, 우리 주변 대수롭지
않은 흔한 것들이 우릴 먹여 살리고 우리 삶을 이끌어 온 것이다.

그리고 보면 정말 흔한 것이 귀한 것이다. 흔한 것이 귀하다는 생
각은 사물을 바라보는 우리들 관점을 바꾸게 한다. 교육도 그렇지
않은가? 소수 엘리트 교육에 치중하기보다는 다수의 질을 높일 수

있는 교육이 되어야 하지 않겠는가?

　다수의 질을 높이는 것, 다시 말해 다수의 베이직 라인basic line이 높아질 때, 우리 사회는 그만큼 덜 화내고, 덜 긴장하고, 더 평화롭고 더 여유로운 사회가 되겠기에 말이다.

덕德

중학교 1학년 국정 국어교과서에 유비에 관한 이야기가 나온다.
내용은 이러하다.

　유비가 새로운 선생님을 만나 뵈러 길을 가고 있었다. 얼마를 가니
제법 넓은 개울 하나가 앞을 가로막았다. 주변을 둘러보았지만 배도
사공도 없었다. 할 수 없이 유비는 신을 벗고 바지를 걷은 채 물을 건
너기 시작하였다. 물은 매우 차가웠고, 또 꽤 깊었다.
　유비가 겨우 물을 건넜을 때, 뒤쪽에서 어떤 노인의 목소리가 들
렸다.

"거기 귀 큰 놈아! 나를 건네 주어야지. 사공도 없는데 어떻게 건너란 말이냐."

마치 유비가 배를 없애기라도 한 듯한 말투였다. 유비는 갈 길도 멀고, 노인의 말에 화가 나기도 했다. 그러나 기왕에 젖은 몸이니 좋은 일 한 번 하자는 생각에서 유비는 노인 쪽으로 건너왔다. 노인을 업은 유비는 다시 물을 건너기 시작했다. 노인이지만 업고 물을 건너기는 매우 힘들었다.

겨우 강기슭에 도착한 유비가 인제 갈 길을 가려는데, 노인이 다시 화를 내는 것이었다. 짐을 저쪽 강기슭에 놓고 왔다는 것이었다. 마치 유비가 잘못해서 짐을 놓고 왔다는 식의 말투였다. 유비는 화가 났지만 "제가 강을 건너서 짐을 갖다 드리지요"라고 말했다. 그러나 짐을 가지러 돌아서는 유비에게 "네가 어딜 가서 찾는단 말이냐. 잔말 말고 나를 업어라." 하는 노인의 말이 들려왔다.

유비는 잠시 생각한 후에, 노인을 업고 묵묵히 다시 물을 건넜다. 짐을 찾고 겨우 강을 다시 건너서 이 쪽 언덕에 도착하자, 노인이 웃으며 유비에게 물었다.

"처음 나를 업어 준 것은 그렇다 치고, 짐을 가지러 가자고 했을 때는 가 버릴 수도 있었는데, 왜 다시 강을 건넜느냐? 무엇을 바라고 한 번 더 수고로움을 참았더냐?"

그러자 유비가 말했다.

"그때 제가 화를 내고 돌아가 버리면 어르신을 업고 강을 건넌 처음의 수고마저도 의미가 없어집니다. 그러나 잠시 어려움을 참고 한 번만 더 강을 건너면, 제 노력은 두 배의 의미를 갖게 될 것입니다. 이미 들인 수고마저도 의미 없이 만드는 것과 한 번 참아서 두 배의 의미를 얻는 것에 대해 생각해 보았습니다.

이 이야기를 읽고 학생들에게 묻는다.

유비가 바보 같다고 생각하는 사람?

그리고 다시 묻는다.

과연 유비구나 하고 생각하는 사람?

비슷한 수의 아이들이 쭈뼛쭈뼛 손을 든다.

여기서 생각해 볼 문제가 있다. 과연 덕이란 무엇인가? 예로부터 덕 있는 사람이 천하를 얻어 다스린다고 하였는데, 과연 유비는 유비인가, 아니면 바보인가? 그리고 그 덕이라는 것은 어디에서 오는 걸까?

이 글은 바로 덕이 어떻게 형성되는 지에 대해 말하고 있다. 덕은 곧 선행이 쌓여 이루어진다. 보통 사람이라도 노인이 개울을 건너달라고 했을 때 아마 한 번쯤은 건네 줄 수 있을 것이다. 그러나 짐을 놓고 왔으니 다시 가자고 한다면 대부분 사람들은 "별 이상한 노인네 다 보겠네." 하며 바삐 자기 길을 갈 것이다. 그렇게 된다면? 처음 강을 건네 준 수고(선행)는 물거품처럼 허공에 흩어지고, 잘못하면 노인한테 욕을 바가지로 얻어먹게 된다. 그러한 사실을 유비는 알았고, 그리하여 노인을 업고 다시 강을 건너는 수고를 마다하지 않은 것이다. 몸소 행한 선행이 허공에 흩어지지 않고 쌓이게 하였으며, 그것이 까탈스러운 노인을 빙긋이 웃게 만든 것이다.

중국 천하를 놓고 다툰 영웅들 중 사실 유비는 '찌지리'에 속한다. 그러나 그는 이렇게 세상 이치를 꿰뚫어보는 눈이 있었고, 그래서 과연 유비가 되지 않았을까.

성서에도 "오 리를 가자면 십 리를 가 줘라"라는 말이 있다. 우리 같이 심지心志가 약한 사람에겐 참으로 행하기가 어려운 말이다. 그러나 가끔은 세상을 살아가면서 이런 때도 있어야 하지 않을까.

나는 내가 하는 일을 모르고 있다

인성 상담부장으로 일하는 분에게 들은 이야기이다. 해가 바뀌어 학교를 A교로 옮겼단다. 신학기가 시작도 되기 전인 2월 말, 새로 전근해 온 교사와 기존에 근무하던 교사들이 소집되어 인사하고 업무분장까지 하는 날이었다. 갑자기 일이 터졌다. 예전에 있지 않은 전혀 새로운 유형의 일이었다. 내막이 이러했다.

B라는 아이가 1학년으로 입학하는데, B는 예전에 다른 학교에 다니다 자퇴한 후 A교에 다시 신입생으로 들어오는 아이였다. 그런데 이 B가 PC방에서 C라는 아이와 함께 40대 정신지체 장애인에게 200원을 주며 담배를 피우라는 둥, 놀리고 괴롭혔다는 것이

다. 그런데 문제가 표면화된 것은 한 녀석이 동영상으로 그 장면을 찍어 인터넷에 올리고부터였다. 인터넷에 올리자 일파만파로 퍼져 순식간에 네티즌의 공분을 불러일으켰고, 급기야 언론에 보도되면서 장애인 단체까지 들고일어나 사건이 걷잡을 수 없는 지경에까지 이른 것이다.

학교에서 대책회의가 열렸다. 그러나 뾰족한 대책이 있을 리 없었다. 우선 B와 C가 A학교 학생인가 아닌가 하는 문제부터 따져야 했다. 책임을 물어 징계를 해야 하는데, 징계를 하자면 두 아이가 A교 학생이냐 아니냐 하는 것이 관건이 되었기 때문이다. 교사들 의견은 두 갈래로 나뉘었다. 하나는 B와 C는 A교에 합격했고 등록금까지 냈으니 당연히 A교 학생으로 보아야 한다, 따라서 징계가 가능하다는 것이었다. 그리고 다른 하나는 아니다, 두 아이는 아직 정식으로 입학식을 치르지 않았기에 A교 학생으로 보기 어렵다, 따라서 징계할 수 없다는 것이었다.

그러는 사이 장애인 단체에서는 만일 학교에서 B와 C의 입학을 허락하면 장애인 인권 차원에서 문제를 제기하겠다고 압력을 가했고, 언론사 기자들과 해당 학생 학부모들은 또 그들 나름대로 취재다 탄원이다 하며 뛰어다녔으니, 학교가 발칵 뒤집힐 만도 하였다.

"이상한 놈들이네. 그걸 왜 인터넷에 올려? 자기들 한 짓이 금방 들통 날 걸 뻔히 알면서도 올렸단 말이야?"

"그래 한 놈은 괴롭히고, 한 놈은 그걸 동영상으로 찍었다면서,

자기들이 한 짓을 모른단 말이야?"

아무리 조사해도 아이들은 왜 그랬는지 모르겠다는 말뿐이었다. 그렇다면 그들은 정말 자기들이 한 일을 모르고 있었을까? 아니면 알면서도 책임을 면하기 위해 모른다고 뻗대는 것일까? 아이들은 네티즌들의 비난에 넋이 나가 있었고, 급기야 인터넷 게시판에 사과문까지 게재했다. 그런데도 사건은 진정되지 않고 들끓어 결국 아이들은 자기들 이름까지 바꿀 것이라고 했다.

1950년대 심리학자 레온 페스팅거가 주장한 이론에 인지부조화론이 있다. 사람은 자신의 태도와 행동 간에 일관되지 않거나 모순이 존재할 때 이러한 비일관성이나 모순을 불쾌하게 여겨 이것을 감소시키려고 한다. 이러한 모순을 줄이기 위해 사람은 태도나 행동을 바꾸려 시도하는데, 태도는 다른 사람들이 모르지만 행동은 이미 다른 사람들이 알고 있으므로, 행동에 맞게 태도를 바꾸게 된다는 이론이다.

그렇다면 인지적 균형을 맞추기 위해 아이들은 자기들이 한 일에 대해 모른다고 한 것일까?

그 즈음 우리 사회를 발칵 뒤집어 놓는 일이 또 있었다. 이른바 중학생들의 벌거벗은 졸업식 '세리머니'이다. 역시 동영상을 통해 유포된 세리머니 장면을 보며 평소 청소년들에 대해 관대하고 진보적인 입장에 서 있던 사람들마저 어쩌다 우리 아이들이 저 지경에까지 가게 됐나 하며 혀를 찼다. 밀가루를 뒤집어쓰고 벌거벗은 채 거리를 몰려다니는 아이들을 보며 '빵상 아줌마'하고나 대화를 나눌 외계인의 출현쯤으로 생각하는 이들도 있었을 것이다.

그런데 앞서 말한 두 사건을 통해 우리는 한 가지 공통점을 발견할 수 있다. 그것은 아이들이 누군가를 괴롭히고 있는 장면을 동영상으로 찍어 버젓이 인터넷에 올린다는 사실이다. 장애인을 괴롭힌 B와 C도 그랬고, 벌거숭이 졸업식 세리머니를 찍어 올린 아이도 그렇다. 비옷에 마스크까지 쓰면서 자신들 얼굴을 가렸지만, 동영상이 유포되면 자기 신분이 다 드러날 것을 모르지 않았을 텐데 보란 듯이 올린 것이다.

여기서 우린 어떤 '섬뜩함'과 마주하게 된다. 그 섬뜩함이란 그런 일을 한 아이들 소행이 철없는 짓이라는 게 아니라, '나'를 드러내기 위해서는 수단 방법을 가리지 않는 시대에 우리가 살고 있다는 것이다.

드러나지 않는 것은 존재하지 않는 것이나 마찬가지이다. 옳게 드러나느냐 옳지 않게 드러나느냐 하는 문제는 그다지 중요하지 않다. 타인에게 자신을 드러내어 존재감 있게 존재하는 것, 자신을 타인에게 보이도록 전시하는 것, 거기에서 환호가 터지고 이목이 집중되고 존재해야 할 이유가 분명해지는 것이다.

온라인 세계에는 상상력이 없다. 인간의 상상력을 바탕으로 과학 기술력이 만들어낸 온라인 세계에는 그러나 아이러니하게도 상상력이 없다. 인간이 만든 숱한 아바타에 상상력이 있는가? 상상력

결핍, 부재를 메우기 위해 동원되는 것이 물질이다. 내가 올린 동영상에 들어 있는 내 얼굴, 연인과 키스하는 장면, 여행하는 모습, 모임에서 즐거운 한때, 이 모든 것이 영상이라는 하나의 물질로 존재하는 것이다.

우리는 온라인과 오프라인, 현실세계와 가상세계의 경계를 넘나들며 산다. 존중, 배려, 사랑, 동정, 연민, 인권 등 인간적 얼굴에 깃들 수 있는 말들은 인간의 상상력을 바탕으로 존재한다. 나를 전시하기 위해 올린 인터넷 속 동영상에는 이러한 상상력을 품은 말들이 없다. 올려진 물질(영상)만 있을 뿐이다.

그런 면에서 볼 때 장애인을 괴롭힌 두 아이나, 졸업식 세리머니 장면을 찍어 인터넷에 올린 아이들은 정말 자기들이 무슨 일을 했는지 모를 수도 있다. 그러나 어쩌랴. 아이들은 이미 온라인 세계에 빠져 살고 있고, 그들의 행위는 알고 모르고를 떠나 이미 그들 몸속 깊이 스며 있는 신형 유전자의 결과인 것을.

어련히 알아서 하겠니

　나는 충남 청양군 남양면 온암리라는 산골에서 자랐다. 초등학교를 다니다 서울로 전학 가 그곳에서 중학교와 고등학교를 다녔다. 말하자면 어려서 서울로 유학을 간 셈인데, 식구들이 함께 간 게 아니라 나 혼자 누님과 친척이 있는 곳으로 전학을 갔기 때문에, 생활 형편이나 정서가 그다지 안정되지 못했다. 나는 중학교에 들어가면서부터 불량배들과 어울렸다. 그들은 나보다 나이가 많고, 학교를 다니다 그만둔 아이들이 대부분이었다. 그러다 보니 공부는 뒷전이요, 못된 짓에 정신이 팔려 있었다.
　부모님이 계시는 시골엔 방학에만 갔다. 부모님은 농사일에 눈코 뜰 새 없이 바빴고, 고된 일에 지쳐 있었다. 특히 여름에 더했는데, 얼굴과 살갗이 땡볕에 검게 탔고 허름한 옷차림에 손톱이 까지도록 일에 매달리셨다.

밤이 되어도 어머니는 쉴 틈이 없었다. 들일하느라 미뤄 놓은 집안일을 밤에 해야 했기 때문이다. 빨래도 밤에 하고 열무를 다듬어 김치를 담그는 일도 밤에 했다. 그리고 비 오는 날이면 마루에 앉아 삼麻을 삼기도 했다.

나는 밤이나 비 오는 날을 좋아했다. 이때가 아니면 어머니와 함께 오붓하게 있는 시간을 갖기 어려웠으니까. 그런 시간이면 나는 어머니 곁에 앉아 이런저런 이야기를 나누었다. 철없던 나는 어머니에게 서울에서 저지르고 다닌 못된 짓들을 하나하나 무슨 자랑이라도 하듯 다 털어놓았다. 얼마나 철이 없었으면 자식을 서울에 전학시켜 놓고 오로지 공부 열심히 하길 바라는 어머니에게 그런 이야기를 자백하듯 다 말했을까? 그러나 나는 그때 아무 부끄럼도 없이 모두 이야기했고, 그때마다 어머니께서는 그저 묵묵히 듣고만 계셨다. 그러다 내 얘기가 끝날 때쯤 길게 한숨을 쉬며 한마디하셨다.

"네가 어련히 알아서 하겠니."

이 말에 나는 지금까지 자랑하듯 늘어놓던 내 말이 멋쩍어 대문 밖 어둠을 말없이 응시했고, 그러는 나와 어머니 사이엔 빗소리만큼이나 긴 침묵이 이어졌다.

그 후 철이 들어 그때 어머니의 심정을 헤아릴 수 있었지만, 어쨌든 어머니는 나의 불량스런 행실에 이래라저래라 하는 잔소리 없이 그 말씀만 하셨던 것이다. '네가 어련히 알아서 하겠니.'

그런데 참으로 이상한 일이다. 그렇게 한숨 섞어 하신 짤막한 말 한마디가 그 후 내 가슴에 강하게 틀어박힌 것이다. 그렇다고 하여 내 행동이 어느 날 갑자기 개과천선 식으로 바뀐 것은 아니다. 나의 탈선은 고등학교 때까지 이어졌다. 그러나 어느 결정적인 순간, 정말 거기서 한발만 더 나가면 돌이킬 수 없는 사고를 치는 바로 그 순간마다 그 말이 나를 후려쳤다. '네가 어련히 알아서 하겠니.'

사고뭉치로 노는 일도 네가 좋아서 하는 일이요, 그 일로 인해 신세 절단날 일도 네가 하는 일이니, 알아서 하라는 그 말의 울림. 마치 『피노키오』에 나오는 양심의 귀뚜라미 같다고나 할까?

그 후 나는 교사가 되었다. 그런데 지금도 나는 그 말과 맞닥뜨리는 때가 가끔 있다. 아이들의 잘잘못을 잔소리로 탓하기보다는 그에 대한 믿음을 저버리지 않고 묵묵히 곁에서 지켜봐 줄 수 있는 자세.

어머니는 교사가 아니었다. 하지만 지금 생각해 보면 어머니께서 하신 그 말은 어떤 교육적 가르침보다 나에게는 큰 것이었다. 다시 말해 그 말은 어른이 된 지금까지도 나의 인간을 바라보는 하나의 준거틀이 되었으며, 학생들을 대할 때도 늘 떠올리게 되는 나의 기본적인 인간관이 되었다.

야단법석의 울타리 안에서

노동과 휴식의 이분법적 분리는 자본주의 사회의 산물이다. 열심히 일한 대가로 떠나라(열심히 일하지 않고는 떠날 수 없다), 라는 말은 자본주의 사회가 노동자들에게 퍼뜨린 휴가 개념이다. 여기서 우리는 일과 놀이의 철저한 분리, 양질의 노동력 확보를 위한 고도로 계산된 자본의 논리와 마주치게 된다.

고도 산업사회인 오늘날 누구나 만사 제쳐 놓고 휴가를 떠나는 자기 모습을 꿈꾸게 된다. 그러나 그렇게 자유롭게 떠난다고 하여 일상으로부터 벗어나는 것은 아니다. 휴가를 떠난 직장인을 기다리는 것은 역시 지독한 무력감이다. 넘치는 인파와 교통 체증, 어느

곳을 가도 그게 그거라는 후회와 짜증은 휴가가 '휴식'이 아닌 연
중 행사로 치러야 할 일거리로 남게 한다. 특히 집안에 어린애들이
있는 경우엔 더하다.

이는 교사라고 예외일 수 없다. 다만 교사들은 다른 직장인과는
달리 방학이 다소 길기 때문에 자기가 평소 하려던 일을 어느 정도
할 수는 있다.

나도 방학이 되면 꼭 해 보고 싶은 일이 있다. 아직 한 번도 그런
기회를 가져 본 적이 없지만 언젠가 한 번 해 보고 싶은 일이다. 외
따로 떨어진 산촌의 어느 허름한 집이나, 바닷물이 모래사장을 핥
아대는 어촌의 조그만 오두막에서, 여름 한철 혹은 겨울 한철을 보
내 보는 일이다. 크리넥스 화장지처럼 도막도막 끊긴 시간에 쫓겨
여기저기 돌아다녀 본 일은 있다. 그때마다 느끼는 것이 어느 조용
한 곳에서 시간에 구애받지 않고 진득하게 눌러 앉아 곰삭아 보고
싶은 것이다. 자연 속에 나를 풀어 놓아 자연의 기운에 흠씬 젖어
보고 싶은 것이다.

로마노 과르디니라는 이탈리아 신학자는 내가 다가가 깃들고
싶어 하는 자연, 어른이 되어 잃었지만 유년시절을 거쳐 오면서 내
속에 녹아든 자연에 대해 이렇게 말하고 있다.

자연은 직접적으로 주어진 것을 뜻한다. 사람이 어떠한 작업도 아
직 첨가하지 않은 사물들의 전체, 즉 에너지와 원료, 현존하는 것의 존

재를 가능하게 하는 요소로, 그리고 자신이 인식하여 알아내고 무엇인가로 만들어야 하는 하나의 과제로 경험된다. '자연'은 한편으로 올바른 것, 그리고 완전한 것에 대한 규범을 뜻하는 가치 개념을 의미하기도 하는데, '자연스러움'이라는 것이 여기에 해당된다. (중략) 그래서 자연이란 개념은 더 이상 파고들어 새로운 것을 끄집어낼 수 없는 최종적인 것을 드러낸다.

'더 이상 파고들어 새로운 것을 끄집어낼 수 없는 최종적인 것.' 그것은 바로 인간의 마음이 지향하여 궁극적으로 놓일 어떤 처소處所가 아닐까? 시간 날 때마다 내가 산이든 바다든 자연의 품에 몸을 의탁하고 싶은 것도 어쩌면 우리로선 이미 잃어버린 '도덕지향道德之鄕'의 세계에 대한 그리움의 다른 표현일지도 모른다.

도덕지향. 그러고 보니 생각나는 게 있다. 『장자』의 「산목山木」에 나오는 이야기다.

　　장자가 산 속을 가다가 가지와 잎이 무성한 큰 나무를 보았다. 나무 베는 사람이 그 곁에 멈추고도 나무를 베지 않았다. 그 까닭을 물으니, "쓸 만한 곳이 없다"고 하였다. 장자가 말하기를, 이 나무는 쓸모없음을 가지고 수명을 다하게 되었구나, 하였다. 장자가 산에서 나와 친구 집에 머물게 되었는데 친구가 기뻐 하인에게 거위를 잡아 삶으라고 명했다. 하인이 묻기를 "한 놈은 잘 울고 한 놈은 울지 못하는데 어느 놈을 잡을까요?" 하자, 주인은 울지 못하는 놈을 잡으라고 했다. 이튿날 제자가 장자에게 물었다. "어제 산 속의 나무는 쓸모없음을 가지고 수명을 다할 수 있었고, 거위는 쓸모없음을 가지고 죽었으니, 선생님께서는 장차 어디에 처하시렵니까?" 이에 장자가 웃으며 말했다. "나는 장차 재材와 불재不材, 쓸모 있음과 쓸모없음의 사이에 처하려네."

그러면서 계속 장자의 도도한 변설은 이어진다. 재材와 부재不材의 사이란 옳은 듯하면서도 그른 것이니 폐단이 됨을 면치 못한다. 만일 '도덕'을 타고 떠다닌다면 그렇지가 않겠지. 기림도 헐뜯음도 없으며, 한 번은 용이 되고 한 번은 뱀이 되어 때와 더불어 함께 변화하면서 오로지 한 가지만 하기를 즐기지 않을 것이요, 한 번은 올라가고 한 번은 내려가 조화로움을 법도로 삼아 만물의 근원에서 떠다니며 노닐어 사물을 사물로 부릴 뿐 사물에 부림을 받지 않을 테니 어찌 폐단이 될 수 있겠는가?

요약하자면 기림도 헐뜯음도 없으며, 사물을 사물로 부릴 뿐 사물에 부림을 받지 않는 일은 도덕지향(이상향)에서만 가능하다는 것이다.

그러고 보니 알겠다. 방학 때마다 내가 깃들고 싶어 하는 자연의 의미를. 그것은 어떤 성분으로 이루어진 물질의 세계가 아니라 마음으로 희원하는 잃어버린 세계, 사람에 대한 구설도 없고 못나도 속임을 당하지 않는 도덕지향의 세계라는 것을.

하지만 나는 오늘도 그 같은 원시 세계, 본원적인 세계를 마음속 어딘가에 품고 있을 뿐 일상의 야단법석에서 벗어나지 못한다. 그러한 세계에 대한 바람이 짙을수록 현실 세계에서 방외인方外人으로 한발 물러서 있는 듯한, 뭔가 뒤처진 듯한, 맹렬히 합류하지 못한 채 차츰 지쳐 가는 듯한 느낌을 지울 수 없다. 방학이 되면 나는 이러한 나 자신과 맞닥뜨린다. 약간의 서글픔 속에 자신과 대면하는 것이다.

왜 10억인가

새 천년 들어 재정경제부는 2000년대 우리나라 경제 발전과 그에 따른 교육 혁신 방안을 담은 '비전 2011'을 발표하였다. 이 발표가 나자 전교조는 물론 한교총 심지어 교과부까지 거세게 반발하였다. 왜냐하면 우선 이 보고서가 교육 관련 부서나 연구 단체가 철저히 배제된 채 재경부 산하 연구기관인 KDI(한국개발연구원)에 의해 비밀리에 독자적으로 추진되어 발표되었기 때문이다.

나는 이 보고서를 보고 이른바 경제론자들이 생각하는 우리나라 교육의 모습에 대해 엿볼 수 있었다. 그것은 한마디로 교육은 철저히 세계화 시장화를 지향하는 경제 발전 논리에 충실해야 한다는 것이었다. 교육의 다른 사회적 기능이나 인간 존재에 미치는 철학적 측면을 무시한 채, 교육을 단지 경제 발전의 하부 기능으로만 보고 있는 이 보고서는, 교과부마저 우리의 교육 현실을 무시한 무리한 발상이라며 반발했다.

'비전 2011'이 담고 있는 내용 중 이른바 쟁점이 된 사안은 크게 두 가지이다. 기부금 입학제를 허용하고 평준화 제도를 사실상 폐지한다는 것이다. 이에 대해 교과부는 기부금 입학제는 치열한 대입 경쟁 하에서 국민 계층 간의 위화감을 조성할 수 있다며 시기상조임을 지적했다.

만성 적자에 시달리고 있는 사립대학의 재정 적자 해결 방안으로 제시되는 기부금 입학제를 접하며 많은 생각이 꼬리를 물었다. 그렇다면 기부금 입학이 그 전에는 없었다는 것인가, 아니면 지금까지 음성적으로 이루어졌던 일을 이제부터 공론화해서 제도적으로 보장하자는 것인가. 그리고 그렇게 해서 대학에 들어간 학생은 또 무엇인가. 사립대학의 재정 확충을 위해 국가에서 할 수 있는 일이 고작 그것밖에 없단 말인가.

무엇보다도 내가 의아해 한 것은 기부금을 내고 대학에 들어가는 데 드는 돈이 10억에서 20억이라는 것이었다. 정확한 자료를 바탕으로 한 것은 아니지만 항간에 떠도는 금액이 그 정도라는데, 이 돈을 내고 대학에 들어간다? 그것도 졸업장을 주는 것도 아니고 입학만 하는데? 이에 대한 내 생각은 그런 돈 있으면 대학에 안 가고 다른 장사를 해서 먹고살겠다는 거였다.

그러나 다시 곰곰이 생각해 보니 나의 이런 생각은 참으로 순진하기 이를 데 없는 것이었다. 다시 말해 그 돈을 내고서라도 대학에 들어가려는 사람(수요)이 있으니까 공급(사립대와 국가)도 있기 마련이라는 자본주의 시장 경제의 기본 법칙을 잠시 나는 잊었던 것이다.

그렇다면 왜 하필 그 액수인가? 10억에서 20억이란 돈은 무엇을 기준으로 산출된 것인가?

어느 지인이 나에게 들려준 이야기다. 얼마만큼 돈이 있으면 만족하겠냐는 질문에 많은 사람들이 10억에서 20억 정도는 있어야 한다고 대답한다는 것이다. 왜 하필이면 그 돈이냐 하고 다시 물으면 그 정도는 있어야 사람 구실 제대로 할 수 있다고 한다.

사람 구실하기 위해 드는 돈이 20억 정도라······? 그래서 대학에 들어가는 데 들이미는 돈의 액수가 그렇게 정해졌을까? 이 같은 논리는 그럴 듯한 면은 있지만 다분히 심정적이고 애매하다. 더 정확한 근거가 없을까? 10억에서 20억으로 정해지는 더 정확한 근거.

그러다 나는 박노자 씨의 「결혼시장과 한국의 현실」이라는 글을 읽고서 그 문제를 해결할 수 있었다. 직접 인용해 본다.

남성의 경우 '학벌'과 '재산'이 엇비슷한 대접(15~25퍼센트)을 받는데 '수도권 2류 대학'이 아닌 '일류대학'(서울대·고려대·연세대)을 나온 것이 부모 재산 20억~30억 원의 차이와 맞물리는 것으로 평가되는 것은,

96

학벌이라는 패거리 속에 속하는 것이 얼마나 중요한 것인지를 보여
준다.

그러니까 결혼을 앞둔 예비 신랑 신부를 회원으로 확보하고 있
는 결혼정보회사들이 남녀 회원을 점수 매겨 관리하는데, 소위 일
류대 나온 사람에게는 그렇지 못한 사람, 그러면서 부모 재산이 20
억에서 30억에 이르는 사람과 동일한 점수를 주어 관리한다는 것
이다.

그렇구나. 그래서 10억, 20억 이야기가 나오는구나. 그러니 얼핏
주먹구구로 계산해 봐도 장사가 되는 일이다. 공급자^(대학)로서는
일이십 억짜리 백 명만 받아들여도 앉아서 몇 천 억을 버니 손 안
대고 코 푸는 격이요, 수요자^(학생)는 나름대로 입학에 드는 돈을 투

자해, 졸업하면 그 투자액^(졸업장)의 가치가 두 배 세 배로 뛰니, 돈만 있으면 아까울 게 없는 장사다.

오늘날 우리나라 대학 진학률은 90퍼센트에 가깝다. 이는 독일 고등학생의 상급학교 진학률 40퍼센트에 비해 두 배가 넘는 수치이며, 세계적으로도 가장 높은 진학률에 해당한다. 그러나 대학 졸업장이 이후 삶의 경제적 안정을 확실히 보장하는 비율은 2.5퍼센트 남짓이라고 한다. 그만큼 학력 인플레이가 심하고 대학 졸업 후에도 경제적 안정을 가져올 수 없으며, 그럼에도 국민 대대수가 자기 자식이 2.5퍼센트의 대열에 들 것이라는 환상 속에 사교육에 올인하는 실정이다. 그런 판에 일이십 억 들여 일류대 출신이란 간판을 얻을 수 있다면 솔직히 돈 있는 사람들이 그 돈을 아까워하겠는가? 학벌이 지배하는 우리 사회에서 평생 동안 로열 패밀리 계층으로 단단히 묶어주는데도 말이다.

경쟁의 끝은 무엇인가

학력신장과 입시경쟁이라는 말은 우리나라 교육의 근간을 이루는 말이다. 우리 사회 폐단을 지적할 때 가장 앞자리에 오는 것 중 하나가 학벌사회라는 것 아닌가.

그동안 학교에 근무하면서 내가 가장 많이 들은 말은 '학력신장'이라는 말이며, 학교 교육과 운영의 대부분이 이 학력신장과 관계된 것들, 다시 말해 보충수업 자율학습 야자 등이었다.

그러다 보니 교육에서 다른 영역, 예컨대 인성교육 같은 것은 음식에 고명을 얹어 놓은 것처럼 구색 맞추기 위해 끌어들인 면이 많다. '학력'과 '인성'이라는 두 마리 토끼를 잡는다고 하지만 이는 말뿐이며, 우리나라 교육은 학력 위주의 입시 경쟁교육이 강화되어 온 것이 사실이다.

경쟁은 갈수록 격화된다. 처음엔 백 명이 10등 안에 들기 위해 경쟁한다. 다음엔 이백 명이 10등 안에 들기 위해 경쟁한다. 그리고 10등 안에 든 사람들은 그들끼리 다시 5등 안에 들기 위해 경쟁하고, 5등 안의 사람들은 1, 2등을 하기 위해 또 경쟁한다. 살아남은 10퍼센트가 경쟁하여 5퍼센트, 다시 살아남은 5퍼센트가 경쟁하여 2.5퍼센트, 2퍼센트에서 1퍼센트, 이런 식이다.

우리 사회에서 낙오는 인생의 실패를 뜻한다. 삶의 다양한 선택이 가능하지 않은 우리 사회에서 대학 진학의 실패는 인생 자체의 실패이며, 그 중에서 소위 수도권, 그것도 일류대 진학 실패는 인생 가능성의 막을 아예 차단해 버린다.

사정이 이렇다 보니 대부분 학부모들이 다급하고 처절한 환상에 사로잡히게 되는데, '우리 자식만은 꼭' 하며, 일류대 진학 경쟁에 목을 매는 것이다.

그러나 우리는 이런 현상에 대해 개탄할 수는 있지만 비난할 수는 없다. 대졸자와 고졸자 간의 취업 기회와 임금 격차가 갈수록 차이가 나는 한국 노동시장 구조가 개선되지 않는 한, 자식을 둔 학부모로서 갖는 환상은 쉽사리 깨지기 어렵기 때문이다.

그렇다면 과연 경쟁의 끝은 무엇인가.

예전에는 경쟁을 뚫고 살아남은 자들에게 주어지는 사회경제적 혜택이 있었다. 학교 교육이 계층상승의 도구로 인식되던 때만 해도 대학을 졸업하면 취직이 보장됐고, 취직은 곧 인간이 살아가는 데 필수적인 경제 문제를 해결해 주었다.

그러나 이런 안온한 시대는 오래가지 못했다. 결론적으로 말해 경쟁의 끝은 행복 시작이 아니라, 또 다른 파멸이라는 것이다.

세계는 변화하기 시작했고, 1990년대 들어 소련의 붕괴와 그로 인한 냉전체제의 해체는 '시장' 원리에 따라 기존 자본주의 틀을 새롭게 재편했다.

1995년 공식 출범한 세계무역기구wTo, 그리고 그 당시 이를 반영해 김영삼 정부가 '세계화'를 선언하면서 이른바 '신자유주의' 논쟁이 촉발되었다. 교육계에도 시장, 경쟁, 구조조정, 수요자 중심 같은 교육을 경제적 관점으로 보는 개념들이 적용되었고, 그 이후 오늘날 학교 교육정책은 이를 강화하는 쪽으로 이어지고 있다.

1990년대 이후 세계 자본주의 틀을 변화시킨 가장 강력한 두 요소는 무엇일까? 하나는 앞서 말한 냉전체제의 해체이다. 그리고 다른 하나는 아마도 눈부시게 발전하는 과학기술 혁명일 것이다.

과학기술의 발전은 정보화 사회를 불러왔으며, 거대하고 효율적인 컴퓨터 체제 개발은 국경 없는 경제 대국을 관리할 수 있도록 해준다. 수천 억 개 정보를 순식간에 빛의 속도로 처리해 주는 컴퓨터 체제의 등장은 예전과는 다른 새로운 자본주의 생산과정의 패러다임을 불러왔다.

그 결과 그동안의 산업, 무역, 서비스 등의 자본을 제치고, 다국적성과 독점성이 한층 강화된 금융자본이 출현했으며, 이윤 극대화 법칙에 따라 오늘날 국경을 초월한 금융자본이 전 세계인의 삶을 재편하고 있는 것이다.

민족과 국경을 초월하여 진행된 글로벌 금융자본의 과두 지배는 부익부 빈익빈 차원을 넘어 개인이 국가보다 더 부유한 부의 집중을 이루어낸다. 실제로 세계 225명의 대자산가의 총자산은 10조 달러가 넘는데, 이는 전 세계 가난한 자들의 절반(32억 명)의 연간 수입과 맞먹는 수치이다. 그리고 세계 100대 글로벌 기업들의 연간 매출이 가난한 나라 120개국의 수출 총액보다 많다고 한다.

이러한 금융자본의 과두 지배를 뒷받침해 주는 이데올로기가 바로 '신자유주의'이다. 신자유주의는 시장원리주의에 입각한 이데올로기인데, 규범도 규제도 국가도 민족도 국경도 모두 이윤 극대화에 방해가 될 뿐, 오로지 자유, 자본을 위한 자유만을 부르짖는 경제 이데올로기인 것이다.

이런 현상의 이면에는 물론 고통과 절망 속에 살아가는 사람들이 있다. 우리나라도 예외가 아니다. 이미 1997년 IMF를 겪었고, 오늘날 경기침체, 구조조정, 개인 파산, 20대 실업, 88만 원 세대, 일을 하면 할수록 가난해지는 이른바 워킹 푸어 등 고난의 삶을 살고 있는 것이다.

이제는 대학을 나와도 일자리가 없으며, 소위 일류대를 나와 누구나 선망하는 직업을 갖는다 해도 특별한 '배경'이 없으면 일찌감치 회사를 나와야 한다. 끝없이 전개되는 피 말리는 경쟁의 끝이 승자독식(The winner takes all. 그러나 이제는 독식할 것조차 없다)이 아니라, 피폐해진 삶의 껍데기만 남는 것이다.

메마른 삶의 껍데기를 위해 우리는 태어나면서 경쟁한다. 그것도 공평한 경쟁이 아닌 불공평한 경쟁을 한다. 학부모는 '우리 아이는 꼭'이란 환상에 사로잡혀 사교육에 매진한다. 돈도 쏟아붓지만 그러면서 인생도 허약해진다. 불안과 초조의 울타리에서 벗어나지 못하며, 그것을 조장하는 보이지 않는 손에 의식을 장악당한다.

희망은 없는가?

일단은 없어 보인다.

한 가지 있다면 삶과 세계를 바라보는 사고의 전환인데, 그게 쉽지 않다.

그럼 어떡해야 하나?

어떻게 해야 하나?

제3부

C급 교사

필사적으로 쉬세요

　우스갯소리로 수업만 없으면 교사도 할 만하다고 한다. 농으로 하는 말이기에 가볍게 듣고 넘길 수 있다. 그러나 방학이 없다면 아마 교직에 남아 있을 사람이 없을 것이란 말은 그렇게 가볍게 듣고 흘려 버릴 말이 아니다. 방학은 교사에게 찜통 버스 지붕에 뚫려 있는 통풍구요, 기진한 끝에 다시 할딱이며 숨 쉴 수 있는 숨통이다.

　교직에 있지 않은 사람들이 교사를 부러워하는 것도 아마 방학 때문일 것이다. 여름방학에 겨울방학 그리고 봄방학 빼고 나면 학교 가는 날이 며칠이나 되느냐, 게다가 정시 출근해 정시 퇴근하는 것만 해도 그게 어디냐며 부러워한다. 어찌 보면 수긍이 간다. 당나귀 귀 빼고 좆 빼면 남는 게 없다는 말처럼 이래저래 빠지다 보면 정작 학교 가는 날이 며칠 되지 않아 보인다. 그러나 이런 생각은 어디까지나 옆에서 피상적으로 바라보는 잘못된 시선이 아닐 수 없다.

교사의 노동강도는 강하다. 나는 평소 교사의 노동을 '감정노동'이라고 생각한다. 감정노동이란 인간을 대상으로 하는 노동이다 보니, 감정이 한 번 상하면 웬만한 내공이 없는 한 염산을 끼얹은 듯 속이 한순간에 부글부글 녹아 버린다. 그뿐만이 아니다. 한나절 아이들과 뒤섞여 소리 지르다 보면 입에서 단내가 난다. 계속되는 수업에 업무 처리, 아이들 하나하나에 신경을 쓰다 보면 퇴근할 무렵 몸은 파김치가 된다. 교사의 노동은 본질적으로 학생을 대상으로 한다. 이 점이 다른 직종에 있는 일반 노동자들과 다른 점인데 여기에 교육노동의 본질이 들어 있다고 해도 과언이 아니다. 인간을 대상으로 한다는 것은 고도의 집중력과 책임성을 요하는 일이며, 그러기에 교사는 전문적 자질을 필요로 한다. 그렇지 않고 교사가 지식을 가르치는 일에만 매달린다면 학원 강사와 크게 다를 바 없을 것이다.

방학을 앞둔 교사들을 보며 나는 골인 지점을 눈앞에 둔 육상 선수들을 떠올릴 때가 있다. 주어진 코스를 전력 질주하여 마지막 골인 지점의 테이프를 끊는 순간, 온몸의 힘이 다 빠져 땅바닥에 털썩 주저앉아 가쁜 숨을 몰아쉬는 육상 선수는 하루하루 아이들과 씨

름하며 전력투구하는 교사들과 닮았다.

그러기에 연휴나 방학이 그렇게 그리운지 모른다. 야단법석인 학교에서 벗어나 잠시라도 쉴 수 있는 '쉬는 시간'이 있기에 말이다. 그러나 막상 그런 시간이 주어지면 우린 또 어떻게 쉬어야 할지 막연할 때가 있다.

쉴수록 몸이 나른하다

현충일 연휴
매일같이 하는 출퇴근이며
매일 보는 사람들의 얼굴이며
이런저런 일들 다 잊어버리고
오늘은 몸을 쉰다

옆집에서 치는 피아노 소리를 듣는다
위층 아이들이 뛰어다니는 쿵쿵대는 소리를 듣는다
오랜만에 들어보는 소음들이다
일상의, 그동안 잊고 있었던
자질한 소음들

어디 가까운 산에라도 가 볼까 하다가

탁구 치러 가자는 마누라의 말 건성으로 듣다가
멀뚱멀뚱 나뒹구는
오전 열 시 반
불현듯 이렇게 빈둥거려도 되는가
불안해진다

그러고 보니 나는 쉬어 보질 못했다
쉬어 보질 못했으므로 쉬는 게 불안하다
이 시간을 어떻게 해야 할지 잘 모른다
그럼 내가 서글프다
내가 나 밖에서 따로 노는 것 같다

튜브를 끼고 논 듯
늘어난 시간 위에 내가 둥둥 떠 있다
쉴수록 나른해지는 몸이
꿈을 꾸는 것 같다

「휴일」이라는 시이다. 정작 쉬어야 하는데, 그리하여 다음 일을
위한 에너지를 비축해야 하는데 마음 놓고 쉬지 못한다. 현대인의
정황이 이와 같지 않을까? 쉬자니 뒤처지는 것 같아 불안하다. 그
러니 뭔가에 매달리고 그럴수록 일에 중독이 되어 간다. 맹한 우리

들의 모습이 아닐 수 없다.

휴지부休止部! 모든 일을 덮어두고 판단을 중지한 상태를 에포케라고 한다. 나는 가능한 시간이 나는 대로 쉴 것을 권하고 싶다. 문제는 그렇게 쉴 수 있는 여건이 되느냐 하는 것인데, 물론 쉬운 일은 아니다. 얼마나 많은 일들이 우릴 가만 내버려두지 않는가. 그러기에 우린 기회 있을 때마다 '필사적'으로 쉬어야 한다.

쉬면서 하세요. 제발 바쁘다는 말을 입에 달고 다니지 마세요. 가족도 아이들도 직장도 머릿속에 떠오르는 오만 가지 잡생각도 잠시 접어 두고, 당신 자신만을 위해 쉬세요.

학교 안과 밖의 기쁨

찻길에서 학교까지 오륙백 미터쯤 된다. 나는 이 길을 하루에 두 번씩 차를 타고 어김없이 지나쳤다. 그러나 걸어서 다닌 적은 얼마 되지 않는다. 그것도 등하교 시간에 아이들과 함께 걸어 본 일은 없다.

나는 언제 한번 아이들과 똑같이 학교 진입로를 걸어야겠다고 생각했다. 아이들의 하루 생활이 어떻게 시작되는지, 학교가 파하고 돌아갈 땐 어떤지 그 느낌을 몸소 체험해 보고 싶었다. 아이들이 오가는 모습을 하루 이틀 보아온 게 아니지만, 차를 타고 획 지나치며 보는 풍경으로서의 모습과 직접 그 길을 걸으며 느껴 보는 체험은 아무래도 다를 것 같았다.

진입로는 비좁았다. 우리 학교 말고도 초등학교와 대학 후문이 있어 등하교 시간에는 자동차와 사람이 곡예하듯 비켜가야만 했다. 진입로 입구 오락실엔 학교 가기 싫어하는 아이들이 몰려 있고, 가게나 문방구엔 군것질거리나 학용품을 사기 위한 아이들로 북적였다. 교문을 무사통과하기 위해 주춤거리는 아이들, 지각하자 교문을 지키고 있던 학생부 선생들이 아예 교무실로 들어가 사라질 때까지 밖에서 죽치고 있는 아이들.

아이들과 같이 걸으며 여러 가지 생각이 들었다. 과연 이 아이들은 행복할까? 학교 안에서 기쁠까? 학교 밖에서는? 기쁘다면 무슨 일로 기쁠까? 그런 그들의 자잘한 일상과 그 일상에 배어 있는 기쁨이란 게 어떤 것일지 궁금했다.

아이들의 기쁨을 아는 일은 매우 중요하다. 아이들의 기쁨은 학교에서나 학교 밖에서 학생 자신의 흥미와 어떤 일에 대한 성취감을 느끼는 데 중요한 요소가 된다. 아이들이 기쁨을 느낄 수 있는 영역은 무수히 많을 것이다. 흥미를 발견하고 이를 깊이 있게 발전시켜 가는 가운데 느낄 수 있는 기쁨은, 성적이 모든 것을 좌우하는 오늘날 학교 교육에서 자기 자신을 견고하게 형성할 수 있는 계기가 된다.

운동, 춤, 미술, 음악, 독서, 창작, 동물 사육, 식물 재배, 수집, 봉사활동, 산책, 문화유산답사 등, 아이들이 자신을 몰입하여 확대해

갈 수 있는 영역이 얼마나 많은가? 그런 활동을 꾸준히 해 가는 가운데 내적 역량이 쌓이는 기쁨을 맛볼 수 있고, 타인과 교류할 수 있고, 자기 자신을 신뢰하게 되는 토대를 자신 속에서 발견하게 된다. 이러한 활동의 축적은 다른 영역으로 그 성과가 확대되어 (예를 들어 우표 수집을 오래 한 학생이 어느 날 학교 축제 전시회에 수집한 우표를 전교생들에게 선보이는 경우) 새로운 자긍심의 발판이 될 수도 있고, 그리하여 '나'와 세상과의 관계를 새롭게 맺어 갈 수 있다.

그러나 이런 기쁨을 발견하며 사는 아이들이 몇이나 될까? 나는 문득 아이들이 학교 안에서나 밖에서 어떤 기쁨을 누리며 사는지 궁금했다. 초등학교 때까지만 해도 나름대로 가꿔 온 여러 가지 소질 계발 활동이 중학교에 들어가면서 깡그리 전폐되다시피 하는 것을 수도 없이 보았고, 결국 학급 석차 하나에 매달려 학교 학원 과외를 오가는 생활에 속수무책으로 빠져드는 상황을 안타깝게 지켜볼 수밖에 없었기 때문이다.

하여 나는 '학교 안의 기쁨'과 '학교 밖의 기쁨'에 대해 조사해 보기로 하였다. 조사 결과를 보며 나는 정말 통곡하고 싶었다. 예측하지 못한 건 아니었지만 풀 한 포기 나지 않은 황량한 황무지 앞에 서 있는 기분이었다.

그만큼 아이들은 메말라 있었고 산성화되어 있었다. 생활의 기쁨이 오직 성적 하나에 맞춰져 있었고, 나머지는 거들떠볼 마음조차 없었다. 정말 이 아이들을 어찌할 것인가 하는 탄식이 절로 나왔다. 커서 어떤 인격으로 자랄까를 걱정하기 전에, 지금 당장 학교에 다니면서 아무런 기쁨을 느끼지 못하는 아이들이 안쓰럽기만 했다. 그나마 재욱이가 쓴 다음 글이 학교 안에서 느끼는 기쁜 일이다.

실내화 축구

아침 일찍 평순이와 같이 학교 앞 정류장에 도착. 7: 8~9분 정도. 이제부터는 걸어서 학교에 간다. 학교 교문을 지나 현관에 도착 너덜너덜 널려 있는 실내화 중 제일 후진 것을 한 켤레 골라서 가지고 올라

온다. 교실에 도착 시간은 7: 20분. 우선 칼을 가지고 실내화 앞뒤를 자른 후에 가운데 부분을 다시 두 도막 낸다. 한 개만 남기고 나머지는 사물함에 저장한다.

평순이와 나는 아이들이 올 때까지 복도에서 승부차기를 한다. 나는 골키퍼도 잘 보고 슛도 강력하다. 하지만 체력이 약하다. 그에 비해 평순이는 슛도 강력하고 체력도 좋지만 골키퍼를 잘 못 본다. 평순이와 승부차기 할 때 3골이나 5골 먼저 넣는 사람이 이긴다고 하면 내가 압도적으로 승리하지만 10골 먼저 넣기를 하면 내가 진다. 7: 30분 정도가 되면 경식, 이정재, 이수원이 온다. 그럼 이때부터 편을 짜서 한다. 골대는 1반 끝에서 5반 골대까지, 점수는 무한이고 키퍼는 1명씩이다.

이렇게 긴 코스에서 하다 보면 반칙이 나온다. 실내화를 발로 밟고 드리블하거나 잡아당기기도 한다. 그럴 땐 무조건 옐로카드다. 이렇게 쫌만 더하면 아이들이 더 많이 오는데 그러면 운동장에 있는 아이들도 시선이 복도로 집중된다. 하지만 방심은 금물! 선생님이 뜰 수도 있기 때문이다. 선생님이 만약 뜬다면 아이들은 순식간에 없어진다. 또 선생님이 갑자기 나타나면 재빠르게 숨는 스릴도 느낄 수 있다. 이렇게 신나게 축구를 하다 보면 아주 지쳐서 공부 시간에 공부를 잘 못하게 되지만 나는 학교에서의 기쁨을 실내화 축구에서 찾는다.

〈학교 밖의 기쁨〉

맑은 공기를 마시며

박철영

　우리 가족은 매주 일요일마다 아파트 뒤쪽에 있는 산에 올라간다. 그 산이 그리 높지는 않지만 자연과 어우러져 있는 그곳을 지나 올라가면 나도 모르게 기분이 매우 좋아진다. 어떨 때는 나무 위에 있는 청솔모도 보고 여러 가지 나무들과 꽃들을 보며 맑은 공기를 마신다.

　보통 아파트 뒤에 있는 산이라면 공기가 나쁠 거라 생각하시고 잘 올라가지 않는 분들이 대부분이다. 그러나 그렇지 않다. 좀 더 올라가면 헬기장도 있고 운동시설도 있고 약수터도 있다.

　특히 헬기장 쪽은 모두가 나무로 둘러싸여 있어서 멋있는 산길이 되어 있다. 엄마와 동생은 부지런해서 금방 올라가는데 나와 아빠는 힘들어서 천천히 맑은 공기를 마시며 학교 공부에 대한 얘기도 하면서 올라간다.

　산이 좋다는 말만 들었지 실제로 이렇게 경험을 해 보니까 산이 좋다는 것을 다시 한 번 느낄 수 있었다.

　앞으로도 이 산을 많이 다니면서 맑은 공기도 마시고 가족들과 대화를 나눌 수 있는 좋은 기회가 될 수 있을 거라 나는 생각하고 있다.

역시 산의 공기는 좋은 것이여! 참고로 우리 집은 직산 부영 APT이
다. ^^

학교 밖의 기쁨

황금률

학교 끝나고 꼭 가는 곳이 있다. 그곳은 2학년 2반이다. 친구를 기
다리기 위해서 2반을 꼭 들른다. 집으로 올 때 친구와 장난치고 노는
것이 학교 밖의 기쁨이다. 그것이 제일 잼 있는 것 같다. 또 만화책 보
는 것. 아줌마 몰래 책 한 권 더 보는 것. TV 보고 책방에서 많이 지낸
다. 거기에는 비디오도 공짜로 볼 수 있다. 나는 책방을 너무 많이 가
서 아줌마 형 아저씨도 나를 다 알아준다. 번호를 말하지 않아도 다 안
다. 비디오가 가끔 이상한 것이 나온다. 아줌마가 하는 말 안 보는 척
하면서 곁눈질하지 말라고 한다. 집에 오면 귀여운 친척 동생을 돌봐
야 한다. 너무 귀엽다. 여자 애들도 사촌을 보면 다 귀엽다고 한다.

삶의 기쁨이라…… 내게도 그런 것이 있을까?

김명규

나는 학교에서도 학교 밖에서도 기쁨을 거의 찾지 못한다.

그저 사는 대로 살 뿐……. 나는 혼자 있기를 좋아한다(집에서).

혼자서 중얼거리고, 상상하고…….

컴퓨터를 켜서 다른 사람들과 얘기도 한다.

집에선 같이 있기를 싫어하고, 게임이나 채팅을 통해서 이야기나 하는 건 좋아한다. 그리고 만화책을 빌려 보는 걸 좋아하고, 만화책을 볼 때 누군가가 옆에 있기를 싫어한다. 난 혼자가 좋다.

그리고 내가 좋아하는 스키는 겨울밤에 못 탈뿐만 아니라 일 년에 딱 한 번밖에 못 탄다. 여름에는 수영을 하지만 그것도 어쩌다 한두 번.

나머진 거의 스트레스를 받는다.

학교 밖에서 기쁨을 느끼는 건 겨울에 한 번 스키 탈 때와 눈싸움, 여름에 수영과 물싸움이다. 하지만 오래도록 못한다. 겨우 일 년에 기쁨을 느끼는 건 10번을 넘지 못한다. 더군다나 인제 친척네도 가기 싫다.

내 삶의 기쁨은 조금씩 조금씩……, 사라지고 있다…….

교육의 방향은 정보화가 아니다

학교 일 가운데 교사 집단과 권력 간 힘의 관계가 드러나는 말이 있다. '장학지도'라는 말이 그것이다. 이 말은 처음 권력의 힘이 교사들을 압도했을 때는 '장학검열'이라고 했다. 5, 6공 시절에 그랬다. 그러다 교사들이 조직화되면서 힘을 갖게 되자 '검열'이라는 말이 슬그머니 '협의회'로 바뀌었다. 전교조가 결성되고, 학교 현장에서 권위주의적 요소가 문제가 되면서 나타난 현상이다. 그러다 지금은? 어느새 은근슬쩍 '협의'에서 '지도'라는 말로 바뀌었다. 교사들의 힘이 약화되었음을 나타내 준다.

오늘은 이 학기 확인단계 장학지도 날이다. 출근하며 보니 교문

진입로부터 혀로 핥은 듯이 깨끗하게 쓸어 놓았다. 금과옥조처럼 여기던 아침 자습도 오늘만은 예외다. 어제 오후 대청소 시간에 깨끗이 했는데도 복도와 신발장을 다시 샅샅이 닦는다.

장학지도가 있을 때마다 늘 하는 말이 '집에서도 손님이 온다면'이다. 다른 때는 지저분하게 살아도 손님이 온다면 청소도 하고 정리정돈도 하지 않느냐는 것이다. 정말 기막힌 논리이다. 만일 이에 이의를 단다면? 집에 손님이 와도 청소도 하지 않을 무례한 사람으로 여겨지기 십상이다.

청소와 함께 강조되는 게 이른바 수업이다. 한 시간 동안 진행되는 공개수업은 말할 것도 없고, 2~3분 동안 잠깐 들어와 보는 일반 수업을 위해 강조되는 게 있다. 적절한 교구를 사용해달라는 것이다. 맨손 수업을 하지 말라는 것인데, 가능하면 컴퓨터로 인터넷에 연결하여 수업해 달라는 주문이다.

이른바 정보통신기술Internet Communication Technology 교육을 해 달라는 것이다. 수업 중 필요한 부분에, 적절히, 그리고 효과적인 방법으로 활용해 달라는 주문이지만, 그러나 강조점은 ICT 교육만이 이 시대 교육의 바람직한 방향이라는 것에 놓인다.

우리 사회가 지식정보화 사회로 접어들면서 지식경제를 이끌어 갈 유능한 인력을 개발한다는 취지에서 이 ICT 교육이 강조되고 있다. 이른바 세계화 정보화에 적응할 수 있는 자기주도적 능력의 신장이나, 학생 능력과 적성에 맞는 학습자 중심의 교육실현 차원에서 이 ICT 교육이 중요하며, 그래서 7차 교육과정 개정의 중심 내용이 된다는 것이다.

실제로 21세기 지식정보사회를 살아가는 데 핵심적으로 요구되는 능력 중 하나가 ICT 활용 능력이다. 미래 사회를 원만히 살아가기 위해서는 새로운 ICT에 불편해 하지 않아야 하며, 더 나아가 이러한 ICT를 활용하여 새로운 지식을 창출할 수 있어야 한다.

이는 곧 정보통신기술 활용 능력이 생존 경쟁력을 의미하며, 정보통신기술을 교육에 도입하는 것은 자연스런 이치를 넘어 절대절명의 과제가 되기 때문이다. 이러한 ICT 활용 교육을 통하여 달성하고자 하는 목적은, 아마도 학생들로 하여금 미래 사회를 살아가는 데 필요한 사고 능력, 학습 능력, 의사소통 능력을 향상시켜 궁극적으로 학생들이 창의적이고 능동적인 삶을 영위할 수 있도록 하는 데 있다 할 것이다.

그러나 학습 효과와 정보 선별 관리 재창출이란 문제를 그렇게 간단히 볼 수만은 없다. 앞서 말한 대로 ICT 교육을 강조하는 사람들도 문제점 내지 보완해야 할 점을 잊지 않고 말하지만, 그러나 실제로 ICT 교육을 충실히 받은 학생과 그렇지 않은 학생과의 학습 효과 차이는 어느 곳에서도 검증되지 않고 있다.

오히려 내 경험으로 볼 때 ICT 교육은 각 교과의 특성이나 피교육자의 상황에 따라 다르게 시행되어야 한다. 예컨대 중학생인 경우에는 개념학습이나 기초교육에 더 충실해야 하고, 순간적으로 스쳐 지나가는 컴퓨터 화면을 통한 학습보다는 체계적인 감각교육, 인성교육, 독서교육 등이 중시되어야 한다.

문제는 하나의 정보를 선별 관리 재창출하기 위해서는 컴퓨터와 인터넷을 다루는 기능만으로는 부족하다는 것이다. 다양한 경험과 가치관 배경지식과 전문지식 등이 총체적으로 어우러지는 가운데 자기에게 필요한 고급 정보를 선택할 수 있고, 그것을 바탕으로 새로운 정보 창출이 가능하기 때문이다.

ICT 교육이 강조되고 있는 시점에서 또 한 가지 생각해 봐야 할 게 있다. 과연 교육 정보화가 교육의 방향이 될 수 있겠는가 하는 점이다. 실제로 미래학자들은 20~30년 후에 정보화 시대는 가고 새로운 경제사회가 대두할 것으로 예측한다. 수렵 중심의 문명이 수만 년을 거쳤고, 농업 중심 문명이 수천 년을, 산업화는 수백 년을 거쳤으며, 정보화는 수십 년을 주도할 것으로 본다. 한 문명의 주기가 이처럼 점점 짧아지고 있다.

대학에서 배운 지식은 얼마 지나지 않아 쓸모없어지고, 한 직장에 붙어 있는 근무 연수가 갈수록 짧아진다. 이러한 사회의 급속한 변화 속에 요구되는 것은 지식보다는 비판적 사고방식과 변화에 적응하는 능력이다. 그리고 그러한 자기 변신과 자기 계발을 도와주는 일에 교육의 중심이 놓여야 한다.

심심함에 대하여

일요일, 집 뒤 산에 갔다가 아는 분을 만났다. 전에 학교에서 같이 근무한 적이 있는 분이다. 나는 산을 내려가는 중이었고, 그분은 올라오는 중이었다. 나에 비해 그분이 숨을 더 헐떡거렸다. 나는 전혀 뜻밖이라 그냥 지나칠 뻔했는데 그분이 나를 용케 알아보았다. 반갑게 악수하고 바위 자락에 엉덩이를 걸쳤다.

그분은 지난해에 명퇴를 했다. 32년 동안 근무한 학교를 떠난 지 7개월째라고 했다. 집엔 사모님 한 분 계시고, 자식들은 모두 집을 떠나 있다고 했다.

"학교 떠난 후 가장 힘든 게 뭐예요?"

"심심한 거지, 뭐."

애써 웃음 짓는 그분 얼굴에 주름이 자잘했다. 50대 후반, 세월이 지나가며 새겨 놓은 눈금이었다.

"다른 건 다 좋은데, 이놈의 심심한 건 정말 참기 어려워."

혼잣소리로 그분이 말했다. 그분은 나와 이야기하는 동안 심심하다는 말을 여덟 번이나 했다. 돈은 걱정하지 않는다고 했다. 연금 나오는 것에 아버지로부터 물려받은 건물이 시내에 있어 세만 받아도 먹고살 수 있다고 했다. 건강도 그런대로 괜찮은 편이고, 퇴직 후 아내와 같이 여행을 다녔다고 했다. 거의 6개월 동안 국내든 해외든 가리지 않고 다녔는데, 이젠 그것도 지겹다고 했다. 그러면서 어디든 하루 한 시간이라도 와서 수업 좀 해 달라고 하면 좋겠다고 했다. 물론 무료로, 한 시간만이라도 봉사하는 차원에서 하고 싶다고 했다.

그분과 헤어지고 난 후 내 머릿속엔 그분이 말한 '심심함'이란 단어가 이따금 떠오른다. 심심하다니? 남들은 바빠 죽겠는데 하다가도, 어느 땐 정말 심심해서 괴롭겠구나 하는 생각이 들기도 한다.

심심함. 참으로 고약한 괴물임에 틀림없다. 우리가 심심함이란 괴물을 인식하게 된 것은 아마도 근대사회 이후부터일 것이다. 인간이 자기 노동으로부터 소외되기 시작한 이후, 자연을 정복 대상으로 보면서 자연으로부터 소외되기 시작한 이후, 하루 생활에 전에 없던 '일상'이라는 것이 자리하게 되고, 그 일상의 한 영역으로 심심함이 깃들게 된 것 같다.

심심함은 할 일이 없는 상태, 주고받을 말 상대가 없는 상태에서 온다. 심심해, 심심해 죽겠어, 하는 상태가 길어지면 심심함이 병이 될 수도 있다. 심심한 상태가 너무 오래 지속되면 자신의 사회적 의미를 회의하게 되고, 그 회의가 깊어지면 우울 내지는 히치코모리^(은둔형 외톨이)가 될 수도 있다. 직업 없는 백수들이 이런 심리상태에 빠진다고 하는데, 참으로 무서운 일이다.

사람만이 심심하다고 난리치는 게 아니다. 근대사회에선 인간이 자신의 심심함을 인식했지만, 현대로 올수록 사물들도 너나없이 심심하다고 아우성이다. 초등학교 앞 문방구에 있는 조그만 게임기도 심심하다며 삐리리 ~ 삐리리 전자음을 쏟아낸다. 전자오락

실의 오락기들도 하루 종일 심심하다며 현란한 빛을 뿜어댄다. 주인이 잠시 외출한 아파트에선 애완견이 심심하다며 캉캉 짖어댄다. 심심하니 좀 놀아 달라는 것이다.

그런데 이상하다. 인간이나 사물이나 이렇게 심심해서 아우

성인데, 심심함에서 벗어날 수 있는 안내 책자 하나 없다. 성공과 처세와 자기 계발에 관한 책들은 넘쳐나는데, 심심함을 치유할 수 있는 개론서나 극복 매뉴얼 하나 없다.

인간의 삶이 지속되는 한 심심함도 사라지지 않을 것이다. 우리 생활에 시간이 존재하는 한, 시간으로부터의 소외도 없어지지 않을 것이다. 분주함과 반대편에 멀찍이 떨어져 있는 심심함. 그 심심함을 극복할 수 있는 방법이 하나 있긴 하다. 홀로 있는 시간을 견딜 수 있는 내공을 평소에 쌓는 것이다. 어떻게? 자기 문화를 가짐으로써. 자기 문화? 그렇다.

어디서 날아들었는지 파리 한 마리가 팔뚝에 앉았다 얼굴에 앉았다 귀찮기가 이루 말할 수 없다. 확 그냥 때려잡으려다 녀석을 가만 들여다본다. 녀석도 아마 심심한가 보다. 나보고 놀아 달라는 듯 앞발을 싹싹 비비고 깨알만 한 머리를 아래위로 연신 조아린다.

–하지만 파리야, 난 지금 바쁘단다. 딴 데 가서 놀아라.

C급 교사

은행 가는 길에 전화벨이 울린다. 근무지가 바뀌어 만난 지 오래된 K선생이다. K는 전교조 결성으로 해직된 적이 있는 사십대 중반의 여교사다. 그녀의 목소리가 다소 격앙되어 있다. 지난주 성과급 발표가 있었는데, 어처구니없게도 자기가 C라는 거였다.

"세상에 이럴 수 있어요? 이 학교에서 정말 지난 3년 동안 모든 궂은일을 도맡아 했는데(그녀가 맡은 업무는 일곱 가지라고 했다), 배신을 때려도 유분수지, 어떻게 나를 C 줄 수 있어요?"

그러면서 그녀는 교감 교무부장이 자기도 모르게 성과급 기준안을 고쳤다는 것과, 분통이 터져 학교 측에 해명을 요구하고, 안

되면 교육청에 가서 문제 해결을 위해 싸우겠다고 했다.

　나는 그녀와 전화하는 내내 가슴이 답답했다. 이런저런 방안을 같이 모색하다 울컥 짜증이 나기도 했다. 이용해 먹을 대로 다 이용해 먹고 거지발싸개 내던지듯 내쳐버린 학교 관리자라는 사람들의 행태도 그렇지만, 순진하게 그들 말을 믿고 당하기만 한 K에게도 화가 났다.

　"그까짓 돈 몇 푼 더 받아서 뭐해? 요즘 선생하려면 솔직히 나는 당연히 C급 교사다, 그러니 이런 조잡한 일에는 신경 쓰지 않는다, 이런 자세도 필요하지 않나? 누구는 몇 점인데 B이고 나는 몇 점인데 C이고, 이런 데 신경 쓰다 보면 자존심만 뭉개지고, 여기저기 눈치 보느라 정말 자기가 하고 싶은 일도 하지 못하게 되고."

　내 말에 그녀는 C를 여러 번 받으면 그것이 교원 평가와 연계되어 나중에 연수도 받아야 하고, 잘못되면 교직에서 구조조정(퇴출)을 당하지 않느냐고 했다.

　전화 통화가 끝난 후 은근히 부아가 치밀었다. 교원 성과급 제도와 교원 평가를 밀어붙이는 저들의 의도가 그녀의 경우처럼 한 치의 어긋남도 없이 교사들의 의식을 장악해 가고 있다는 생각에서였다.

　성과급제와 교원 평가의 본질은 한마디로 교사 집단에 대한 통제와 장악이다. 예전에는 물리적 탄압으로 교사들을 통제했는데 신자유주의 체제, 다시 말해 모든 것을 시장과 경제 논리에 따른 무한 경쟁체제가 자리 잡은 오늘날에는 교사들에 대한 장악 역시 자본과 경쟁 논리로 하겠다는 것이다. 그렇지 않고서야 이렇게 비논리적이고 졸속적일 수 없다.

성과급제만 해도 그렇다. 성과급제는 한마디로 교사들은 안 받겠다는데(수당으로 달라는데), 교과부가 부득부득 주겠다고 밀어붙여 지금까지 이루어지고 있다. 그것도 따로 마련한 재원을 갖고 하는 것이 아니라 각 교사들 월급에서 일정 부분을 떼어내 차별적으로 지급하는 상황에서.

3년 전 처음 성과급을 지급할 때는 대부분 호봉 순에 따른 등급으로 결정되었다. 젊은 사람들과 나이 든 사람 간 논리 대결이 없지는 않았으나 역시 호봉 순에 따른 결정이 가장 무난해 보였다.

그러다 교사끼리 누가 누굴 판단할 수 있느냐는 문제제기와 함께 순환 등급제가 나오기도 하였고, 보직과 호봉 수업시수 등을 고려하여 등급을 매기되, 수당은 n분의 1로 공평하게 나누어 갖자는 안이 나와 실제로 그렇게 많이 하고 있다.

물론 교과부에서는 반대다. 교과부에서는 n분의 1방식으로 하는 학교에 대해 조사하여 문책하겠다는 입장이며, 각 등급 간 지급되는 액수 차를 더 크게 하여 교사 간 반목과 갈등을 부추기고 있다.

교원평가 역시 마찬가지이다. 국회에서 관련법 개정이 3년째 지연됨에 따라 안병만 교과부 장관이 '2010년 3월 전면 시행 방침'을 발표한 이후, 각 시·도 교육청별로 교원능력개발평가 운영 전담

팀이 꾸려져 일사불란하게 시행에 들어갔다. 마치 군사작전 같이 전개되고 있는 교원평가는 '초중등교육법'에 시행 근거가 마련되지 않아서, 여전히 위법적인 요소를 지니고 있지만, 그리고 법령에 의한 근거를 확보하지 못한 관계로 교과부는 시·도 교육청별 자율 시행이란 단서를 달고 있지만, 말이 좋아 자율이지 국고 교부금을 담보로 하고 있다는 점에서 강제 시행이나 마찬가지인 것이다.

교원평가 그 자체를 반대할 생각은 없다. 그러나 현재 이루어지고 있는 평가는 평가 지표 내용이 너무 치졸하고 탁상공론 식이라는 것이다. 평가 영역도 동료 교원 평가와 학부모 만족도 조사, 학

생 만족도 조사로 되어 있는데, 실제 평가는 말 그대로 동료 교원 간 평가뿐이다. 그리고 동료 교원 평가는 학습지도 평가와 생활지도 평가로 나뉘는데, 학습지도는 12개 항목 36문항, 생활지도는 16개 항목 11문항으로 되어 있어, 나 같은 경우는 교사 17명을 평가하는 데 무려 372문항에 대해 답을 해야 한다.

정말 멀미 나는 일이 아닐 수 없다. 잘 알지도 못하는 교사들에 대해 학습지도와 생활지도를 평가하라니 대체 무얼 가지고 평가하란 말인가. 한 교사에 대해 교육과정, 교과 분석, 전략 수립, 수업 도입, 교사 발문, 교사 태도, 상호 작용, 자료 활용, 수업 진행, 학습 정리, 평가 방법, 개인 문제, 가정 연계, 진로 특기, 기본생활, 학교생활, 민주시민 등의 항목을 평가한다는 것은 신만이 할 수 있는 일일 것이다.

교원 성과급제와 교원 평가가 시행되면서 한 가지 짚고 넘어가야 할 것이 또 있다. 교사 잡무의 급증이다. 교사는 수업 외에도 학생 생활지도, 업무분장에 따른 행정 업무를 맡아 한다. 성과급제와 교원평가가 실시되면서 모든 것들이 계량화(수치화, 교문지도 몇 회, 급식지도 몇 회, 상담 몇 회 등) 되다 보니 교사들은 잡무의 홍수 속에서 살아야 한다. 새로운 컴퓨터 프로그램 개발(에듀파인이나 생활기록부 양식 같은 것)로 인해 매년마다 교사들은 업무가 줄기는커녕 늘고 있다. 그러다 보니 양계장 속에 갇힌 닭들처럼 교사들 사이 충돌이 일어나고, 감정이 상하며, 학교 근무에 의욕을 잃어, 결국은 '교원의 전문성 향상'

이라는 교원 평가의 기본 취지와도 멀어지고 만다.

지난 4월 대통령 자문 국가교육과학기술 자문회의는 교사의 수업 내용을 온라인으로 공개하는 방안과 교원평가 결과를 교사들의 인사 및 성과급에 적극 반영할 것을 교과부에 건의하였다고 한다. 시간이 문제이지 아마도 교육행정의 기본 방향은 그렇게 갈 것으로 보인다. 이 대목에서 C급만 계속 받는 교사들은 가슴이 뜨끔할 것이다. 이러다 나도 어떻게 되는 게 아닌가 하고. 그러나 너무 뜨끔해 하지 말자. 정 하다하다 안 되어 연수를 받으라면 받으면 되는 거고, 성과급 깎이면 덜 받으면 되는 거다.

참 뱃속 편한 소리한다 하고 눈을 흘길지 모르지만, 솔직히 이런 몰상식한 난세에 그만한 배짱 없이 어떻게 살겠는가.

볕이 났을 때 풀을 말려라

'볕이 났을 때 풀을 말려라Make a hay, while a sunshine.'

이 말은 곧 기회가 있을 때 그 기회를 놓치지 말고 일에 충실하라는 것인데, 그런데 왜 하필 이 말이 머릿속에 떠오르는지 지금도 알수 없는 노릇이다. 하여 곰곰이 생각하다 나는 그만 아연해지고 말았다.

이 말은 내가 중·고등학교 다닐 때 영어 참고서에서 본 것이다. 무슨 참고서인지 기억나지 않지만 지금도 그 책 거기 어디쯤 적혀 있을 것 같다는 느낌이 들 정도이다. 그런데 내가 아연해 하는 것은 다름 아니라 지금까지 보아 온 영어 책, 교과서든 참고서든 대학 교재든 또는 문학작품의 원전이든, 수많은 책에 나오는 여러 문장 가운데 유독 이 문장 하나가 내 기억 속에 남아 있다는 것이다.

이걸 뭐라고 해야 하나. 기가 막힌다고 해야 하나 절묘하다고 해야 하나? 영어 공부한 게 중·고등학교 대학 대학원까지 줄잡아 15년이 넘는데, 그렇게 공부하며 익힌 문장이 수천 수만 가지가 될 터인데, 그 가운데 유독 이 문장 하나가 기억에 되똑하게 남았다니. 그럼 나머지 것들은 다 어디로 갔는가. 손가락 새로 빠져나간 물처럼 스실스실 다 사라져 버렸단 말인가. 허무하면서도 기가 막힐 일이다.

하여 언젠가 친구들을 만난 자리에서 이 일에 대해 이야기했더니 한 친구 왈, 자기는 그나마 한 문장도 기억에 남아 있지 않다고 했다.

그로부터 다소 엉뚱한 생각이 들기 시작했다. 그 엄청난 기간 동안 배우고 익힌 문장들은 정말 다 어디로 사라졌을까? 마치 주식 투자해서 까먹은 돈이 흔적도 없이 허공에 사라져 버리듯, 그것들은 홀연 내 의식 밖으로 사라져 버린 게 분명했다.

그렇게 사라진 것은 좋다. 쓰지 않는 연장은 녹슬기 마련이니까. 그렇지만 그 사라진 문장들, 공부하느라 허비했던 그 많은 시간들은 과연 나의 인격Personality 형성에 어떤 기여를 하였을까?

생각이 이에 미치자 나는 다시 아득해졌다.

아무튼 '볕이 났을 때 풀을 말려라'라는 말은 고약한 말임에 틀림없다. 말 그대로라면 모든 일이 다 기회요, 따라서 모든 일에 충실해야 한다. 마누라하고 싸울 때는 싸우는 일에 충실해야 하고, 화해할 때는 또 화해하는 일에 충실해야 한다. 책을 읽을 때도 영화를 볼 때도 정말 학교 가기 싫은 날 어쩔 수 없이 가야 할 때도, 모든 일이 기회니까 그 일에 충실하여 풀을 말리라는 것이다.

아마도 지난날의 영어 공부가 나의 인격 형성에 도움을 주었다면 이런 점이 아닐까 한다. 단어와 숙어를 외고 문장을 외는 그런 공부였지만, 또 그렇게 한 공부를 밑천으로 이런저런 시험을 치렀지만, 결국 남은 건 볕이 났을 때 풀을 말리라는, 삶에 대한 지혜 한 줄기를 주었다는 것.

나는 지금도 왜 하필 이 문장이 기억에 남아 있는지 모른다. 다만 이 말의 의미를 곱씹어 보며, 부지런히 하루 일과를 열심히 살려고 한다. 모든 때가 '볕이 나는 때'요, 모든 일이 '풀을 말리는 일'이기 때문이다.

침묵 속에 그 말이 나를 떠나지 않고 있다.

지워진 사람들

사람은 어떤 일에 대한 선입견을 쉽게 버리지 못한다. 작은 생각 하나 바꾸는 데도 그만한 희생을 치러야 한다. 희생을 치른 대가로 생각을 바꾼다면 그나마 다행이다. 그 일을 통해 일이 가져다 준 의미와 교훈을 발견할 수 있겠기 때문이다. 그러나 많은 이들은 그런 은혜로운 기회를 갖지 못한다. 에고ego가 강한 사람일수록 그러기가 쉽다.

교사들은 대부분 에고가 강하다. 그들이 왜 에고가 강한지 정확한 탐구 보고서 같은 것은 없다. 내가 보기에 교사들은 중·고등학교 때 대부분 공부를 잘한 모범생이었다는 것, 집안이 가난하였다는 것, 그리고 아이들을 지도하는 입장에 있다 보니 명령하고 지시하는 습관이 몸에 배었다는 것, 그런 이유 때문이 아닐까 싶다.

에고가 강하다 보니 자기 선입견을 쉽사리 바꾸지 못한다. 그러나 다른 누구보다 교사의 선입견은 학생들에게 치명적이다. 치명적이라는 극단적 표현을 썼지만 실제로 그렇다. 흐르는 물을 세모난 그릇에 담아두고 모든 물은 세모지다고 선언하는 것과 같기 때문이다.

그런 교사의 선입견 중 두 가지만 지적하고자 한다. 하나는 소위 '문제아'라는 아이들에 대한 선입견이다. 모범생이었던 교사는 그들을 이해하지 못한다. 그들이 왜 말썽부리고 딴짓하고 자꾸만 집과 학교 담을 뛰어넘어 달아나려 하는지 이해가 되지 않는다. 그런 아이들이 우리 반에 있다는 것, 피할 수 없으니 일 년 동안 골치 좀 썩어야겠다는 것, 그런 정도다. 그런 아이들 처지와 입장에 한 번도 놓여 보지 못했기 때문이다. 혹은 그런 처지와 입장에 놓였다 할지라도 개과천선 식으로 훌륭하게 극복해냈던 자기 경험이 그들을 이해하지 못하게 한다. 그러니 그들에게 비난 아니면 훈계 조가 될 수밖에 없다.

다른 하나는 이른바 스스로 믿고 있는 '위인偉人'에 대해서이다. 위인이라 함은 인류 역사상 도량이나 재간 등이 뛰어나 다른 이들이 본받을 만한 업적을 남긴 사람을 말한다. 따라서 아이들 장래희망을 물으면 예외 없이 나오는 게 위인이며, 그래서일까 학교 복도나 교실 등 어디 한구석이라도 위인 사진이 어김없이 붙어 있다.

수업 시간에도 그런 위인의 업적과 행적을 칭송하는 글을 배운다. 고진감래와 권선징악적인 교훈을 얻어 훌륭한 사람이 되자는 의미에서이다.

『남과 여에 관한 우울하고 슬픈 결론(새로운 사람들)』이라는 책이 있다. 잉에 슈테판이 지었다. 거기엔 우리가 그동안 소위 위인이라고 믿어 의심치 않았던 사람들 이야기가 나온다. 부제가 '유능한 남자들의 그늘에 가려진 재능 있는 여자들의 운명'이니 대략 어떤 내용일지 짐작할 수 있겠다.

몇 사람 예를 들어보자. 먼저 톨스토이. 우리가 알고 있는 러시아의 대문호 톨스토이에 대해서는 새삼 언급할 필요가 없겠다. 그러나 그의 부인이었던 소피야 안드레예브나 톨스토이야에 대해서 알고 있는 이는 드물 것이다. 그녀는 톨스토이와 결혼, 모성을 강조한 톨스토이로 인해 무려 열세 명의 아이를 출산했다. 결혼 전 자의식이 또렷하고 문학적 재능이 뛰어났던 그녀는 아이들 뒷바라지와 남편의 작품 교정(그녀는 평생 『전쟁과 평화』를 네 번이나 고쳐 썼다) 등으로 자신의 창조력을 꽃피우지 못한 채 '자동인형' 이라 불린 삶을 살다 죽었다.

아인슈타인은 또 어떤가. 그의 부인 밀레바 마리치 아인슈타인은 결혼 뒤 '상대성 이론' '광양자 이론' '통일장 이론' 등에 관한 연구를 아인슈타인과 공동으로 진행, 아인슈타인의 노벨 물리학상

수상에 절대적으로 공헌했다. 그러나 병약한 둘째 아들이 태어난 뒤 학문은 물론 남편과도 사이가 멀어져 이혼한 후, 정신질환을 앓고 있던 둘째 아들을 위해 헌신하다 생을 마쳤다.

까미유 끌로델과 그녀의 작품 「애원」.

로댕과 까미유 끌로델과의 관계를 연상시키는 이러한 이야기는 보는 관점에 따라 장마철에 흐르는 물줄기처럼 다양하게 논의가 뻗어 나갈 수 있다. 곧 양성평등 문제, 인간사회에 천재가 미치는 영향, 위인의 문제 등등.

그러나 나는 잠시 여기서 이런 생각을 가다듬어 본다. 이들이 과연 위인은 위인이었으되 진정한 위인이었을까? 이들이 천재로서 인류 역사 발전에 큰 영향을 끼친 것은 틀림없겠으나, 그러나 그것이 그렇게 지대한 것이었을까? 다시 말해 지워진 사람들의 '타인의 피'를 빨아먹고 발휘한 그들의 천재성이, 오늘날 인류 역사 발전에 그만한 보탬이 되었을까 하는 것이다.

만일 톨스토이 부부의 경우 서로가 서로에게 생명의 파괴자가 아닌 상생과 화해의 관계였다면? 그리하여 톨스토이나 그 부인이 함께 지원하고 격려하는 가운데 창조성을 꽃피웠다면? 어느 쪽이 인류 역사에 더 큰 에너지로 공헌할 수 있었을까? 그 점은 아인슈타인도 마찬가지이다.

우리는 위인에 대한 시각을 바로 가질 필요가 있다. 타인의 희생을 바탕으로 한 독불장군 식 행보나 업적은 앞으로의 사회에서 한계를 가질 수밖에 없다. 한쪽 면만 부각된 일면적 인식은 위험하기 짝이 없기에 말이다.

십대, 청소년, 학생

아이들에게 십대, 청소년, 학생이라는 말에서 느낄 수 있는 느낌이나 생각을 적어 보라고 했다. 십대에는 10세 이상 18세 미만, 혹은 1318 등 나이와 관련된 말을 많이 적었다. 청소년이라는 말에는 '탈선하기 쉬운 나이', '중 · 고등학생', '어른이 되기 전', '비행' 등과 같은 말을 적었고, 학생이란 말에는 '공부', '의무' 같은 말을 많이 적었다.

십대나 학생이란 말의 의미는 비교적 명확하다. 십대는 생물학적 나이를 가리키는 말이며, 학생은 공부하기 위해 학교에 다니는 사람을 일컫는다. 그러나 청소년하면? 청소년이란 단어에는 십대나 학생이라는 말이 포함되는 것 같기도 하고 그렇지 않아 보이기도 한다. 분명 실제로 존재하는 인간군을 가리키는데, 왠지 주변적이고 낯설고 '탈선'을 연상케 한다.

아동기나 청소년기를 생애 주기의 한 독자적인 범주로 인식하게 된 것은 근대에 들어서라고 한다. 근대 이전에도 아동과 청소년은 있었고 성인식이 거행되었지만, 기본적으로 그들은 어른들이 하는 생산과 공동체 활동에서 배제되지 않았다. 그들은 성인이 되어가는 과정에 있는 '작은 어른'이었고 그 과정은 단절적인 것이 아니었다. 생애 주기를 성인기, 청소년기, 아동기로 나누어 범주화하기 시작한 것은 근대 자본주의화 과정에서다.

생산양식의 변화로 인한 가정과 일터의 분리, 그리고 사회가 급격히 분화되고 변화하면서 아동과 어른의 생활권이 점차 분리되고, 그에 따라 '미성년'으로 범주화된 십대들이 자기들 또래의 세상을 만들어 갔다.

그들은 자본주의 발달의 한 시점에서 자신들이 기성세대의 엄격한 보호, 관리, 선도의 대상이 되는 것에 불만을 터뜨리기 시작했다. 급변하는 사회일수록 세대 간에 공유하는 경험이 줄어들기 마련인데, 이러한 현상은 기성세대와 청소년 세대 간의 갈등을 낳았다.

그러나 1960년 대 이후 서구의 청소년 문화 정책이 청소년들의 창조적 활동을 적극 지원하는 방향으로 나아가면서, 기성세대와 청소년 세대 간의 갈등과 저항은 많이 완화되었다. 그리고 그렇게 됨에 따라 오히려 진보적 지식인들이 염려하는 부분은 세대 안의 계급 문제이다. 그들은 공동의 역사적 경험을 가진 '세대'로서의 정체성보다, 청소년기에 이미 사회구조적 선발 메커니즘을 통해 세계 체제의 엘리트로 편입되는 이들과, 그 체제에서 탈락하여 이등시민으로 차별화되는 이들 사이의 계급적 측면에 관심을 모으고 있다.

그렇다면 우리나라의 경우는 어떠한가? 주지하다시피 우리나라 근대화 과정은 서구에 비해 압축적이고 파행적인 형태로 진행되었다. 일제 식민지 체제에서 근대적 제도가 만들어졌고, 이후 60~70년대를 거치면서 극단적 경제 위주의 산업화 정책이 추진되었다.

그러다 보니 보통 부모의 경우 자녀를 낳아 굶기지만 않으면 좋을 정도였고, 어쩌다 초등학교라도 보내 졸업시키는 것이 그들의 바람이 되었다. 그러나 60년 대 이후 급격히 이루어진 경제 성장으로 인해 우선 먹을 것 입을 것을 어느 정도 해결하게 되었고, 많은 아이들이 학교에 보내짐으로써 아이들 대부분이 학교에서 시간을 보내게 되었다.

그 결과 우리나라 아동과 청소년은 독립된 인격과 인권을 갖고 살아가는 하나의 인격체로 자리매김되지 못하고, 오로지 공부하는 학생으로, 부모의 계층상승 욕구를 실현시켜 줄 희망의 대리인으로, 그리고 경제 발전에 이바지할 산업 역군으로 살아야 했다.

결국 60~70년대를 거치면서 우리나라의 '청소년'은 사라지고, 오로지 학생 · 재수생만 남게 되는데, 학생에 속하지 않는 청소년은 주변적 범주인 '근로 청소년'으로 남았고, 이들은 학교에도 갈 수 없는 불우한 청소년이었으며, 언제든지 범죄를 저지를 수 있는, 따라서 관리와 통제의 대상이 될 수밖에 없는 그런 청소년이었다.

그 후 80~90년대 경제성장의 발전과 사회체제의 변화, 초 · 중학교의 의무교육 확대, 전인교육과 열린교육 등의 실시로 청소년을 바라보는 시각이 많이 달라졌고, 청소년 정책이 국가 정책의 하나로 인정받게 되면서, '선도 · 보호 · 규제' 중심의 청소년 대책에서 전체 청소년의 잠재력 개발로 정책의 무게가 옮겨가고 있다.

그러나 아직도 기성세대나 고지식한 교육 관료들은 학생 대 근로청소년, 학생 대 불량청소년 등으로 청소년에 대해 이분법적으로 사고하고 있으며, 그 결과 대학입시와 그에 따른 보충 자율학습에 묶여 있는 십대들의 삶이 크게 바뀌지 못하고 있는 실정이다.

제4부
세상이 맑아지는 자리

통마음

    다른 이들은 어떤지 모르지만, 나는 마음속으로 아끼는 무슨 일에 대해서는 겉으로 표 나게 드러내지 않는다. 사람도 그렇고 책도 그렇다. 다른 일들은 후딱후딱 해치우는 편인데 사람이든 책이든 음악이든 '이건 진국이다' 싶은 것은 마음속에 무지근히 담아 두고 지닐 때가 많다. 그런 나를 의뭉스럽다, 잔정머리 없다, 소 닭 보듯 한다고들 하는데, 솔직히 나는 그런 말에는 그저 무덤덤하기만 하다.

    대학 2학년 때 나는 처음으로 마르틴 부버의 『나와 너』라는 책을 읽었다. 지금은 책 내용도 별로 기억나지 않는다. 다만 시간이 흐를

수록 그 책이 진국이었다는 느낌만은 강하게 들었다. 그러면서 나는 속으로 이따금 '마르틴 부버는 지금 뭐하지? 그 후 다른 책은 안 썼나.' 하는 생각을 하곤 했다. 그런 식으로 그와의 관계를 20년 이상 지속해 왔다. 웬만하면 『나와 너』를 구해 다시 읽어 보았을 텐데, 그런 일도 없이 그저 그를 잊지 않고 마음속에 담아 두기만 했던 것이다.

그러다 우연히, 정말 우연히 그를 다시 만났다. 천안 카톨릭 서점에서였는데, 거기 쪼그만 책이 하나 있었다. 56쪽짜리. 제목이 『인간의 길』이었다. 이제부터 하고자 하는 이야기는 그 책에 나오는 것이다.

그 얘길 하기 전에 부버와 관련된 이야기 하나만 더 하고자 한다. 어느 날 부버는 대학 연구실에서 글 쓰는 일에 몰두하고 있었다. 한 학생이 찾아와 상담하고 싶다며 시간 내 주길 청했다.

"다음에 다시 오면 안 되겠나?"

그 학생은 돌아갔고, 그날 밤 그는 자살했다. 그 일이 있고 나서 부버는 글쓰기를 그만 두었다. 한 생명의 절박한 SOS를 듣지 못한 자책감에서였다. 그 후 그는 하느님의 종이 되어 살았다는데, 다음 글은 그 『인간의 길』에 나오는 한 대목이다.

루블린의 랍비가 이끌던 하씨딤 중 한 사람이 한 번은 안식일부터 다음 안식일까지 단식을 하였다. 금요일 오후가 되자 목이 말라 죽는

줄 알았다. 그러나 한두 시간만 견디면 될 것을 가지고 자기가 한주일 내내 해 오던 단식을 망치려 할 판임을 순간 깨달았다. 물을 안 마시고 그냥 우물에서 물러섰다. 그러자 어려운 시련의 고비를 넘겼다는 자만심이 느껴졌다. 이것을 깨닫자 그는 '내가 차라리 우물에 가서 물을 먹는 것이 마음을 교만에 빠뜨리는 것보다는 낫겠다'고 속으로 생각했다. 그래서 도로 우물가로 갔는데, 허리를 굽혀 물을 길으려고 했더니 갈증이 없어졌다. 안식일이 되자 그는 스승의 집을 찾아갔다. 문턱을 막 넘는데 랍비가 그에게 '쪽모이.' 하고 호통하더라는 것이다.

스승이 열심히 단식한 제자를 다루는 모진 일면이 이 글에 나타나 있다. 제자는 어려운 고행을 해내느라 최선을 다했다. 단식을 중단하려는 유혹을 받고도 그 유혹을 이겨냈는데, 그 고생을 하고 나서 고작 받은 보상이라고는 스승의 꾸지람뿐이었다. 아마도 제자가 겪은 가장 큰 어려움은 영신靈神을 압박하는 육신의 힘이었을 것이다. 하지만 제자는 비록 갈등 속에서였지만 그것을 물리쳤다. 게다가 그는 자만에 빠지려는 자기 마음을 다잡아 그것마저 극복하려 하였다. 그런데 스승은 그를 모질게 야단쳤다. '쪽모이'라고. 쪽모이란 갈라진 마음이란 뜻이다.

스승이라고 해서 고행을 반기는 사람은 아니었을 것이다. 그런 만큼 제자의 단식이 그의 호감을 사기 위한 것일 수는 없었고, 제자 자신의 영혼을 더 높은 경지로 이끌어 올리기 위한 것이었을 것이다. 단식이 인격을 도야하는 첫 단계에서는 이런 역할을 할 수 있고, 또 나중에도 삶의 중요한 고비마다 그럴 수 있다는 것을 스승은 이미 알고 있었을 것이다.

그런 스승이 제자를 야단쳤다. 그것도 아주 모질게! 아마도 스승이 그에게 한 말의 참뜻은, 그런 식으로 해서는 더 높은 경지에 이르지 못한다는 것이었을 게다. 제자가 목적을 달성하지 못하게 될지도 모르는 무엇인가에 대한 경고였을 것이다.

나는 이 글을 읽으며 몸에 소름이 오드드 돋았다. 왜? 나도 그 제자와 같은 경우가 많았으니까. 그러면서 나는 한술 더 떠 '인간이니까 그렇지. 범인凡人인 이상 어쩔 수 없잖아?' 하고 자신을 합리화하고 스스로 위로까지 했었다.

사실 세상엔 타고나서인지 아니면 은총을 받아서인지 한마음, 통째로 된 마음을 가진 사람들이 있다. 그런 사람은 우리와는 달리 한결같이 통째로 된 일을 해내는데, 그것은 아마도 그들의 마음이 그렇게 움직여 주는 덕분일 것이다. 하지만 나를 포함한 보통 사람들은 마음이 장마철에 흐르는 물줄기처럼 여러 갈래로 갈라져, 행동도 필연적으로 그렇게 된다. 갈팡질팡하는 마음이 갈팡질팡하는 행동으로 나타나는 것이다.

스승은 제자에게 사람은 능히 자기 마음을 하나 되게 할 수 있다는 것을 가르쳐주고자 하였다. 다시 말해 여러 갈래로 복잡하게 흐르는 마음도 그렇게 한결같은 마음이 될 수 있다는 가르침을 제자에게 주려 했던 것이다.

아, 제자는 과연 스승이 말한 통마음을 지니게 되었을까?

망상

오래전 일이다. 나를 괴롭혀 온 문제가 하나 있었다. 외부로부터 오는 문제가 아니라 내 안에서 오는 문제였기에 나는 그것에 대해 누구에게도 말한 적이 없었다. 그리고 또 역시 내 안에서 오는 문제였기에 나는 그 문제를 해결하려 하기보다는 방관하고 용인하는 자세로 대했다.

문제란 바로 망상이었다. 망상! 이를테면 이런 것이다. 나도 모르게 문득 튀어올라 나를 휘감아 버리는 생각 ─ 갑자기 내가 운전하다 사고로 죽는다면? ⋯⋯우리 가족은? ⋯⋯부모 형제는? 또, 내가 지금 다니는 직장을 잃는다면?

이런 망상과 약간 성질이 다른 망상도 있다. 곧 출간하려는 작품집이 유명세를 얻어 돈을 많이 벌게 된다면? 엊그제 길에서 지나쳤던 그 여자와 관계를 맺는다면?

신경이 극도로 쇠약해진 사람은 흔히 환상과 환청에 시달린다고 한다. 헛뵈고 헛들림에 괴롭힘을 당하고, 심하면 그런 환시幻視와 환청幻聽이 실재처럼 느껴져 판단과 행동도 그렇게 한다고 한다.

망상은 그야말로 시도 때도 없이 아무 때나 불쑥불쑥 튀어 올라 순식간에 나를 휘감아 버린다. 비 온 후 돋는 죽순처럼 대가리를 옴쏙옴쏙 내밀고 한꺼번에 올라와 주체할 수가 없다.

나는 이같이 나를 완전한 노리개로 삼아 방약무도하게 구는 망상에 아무런 제어장치도 갖지 못한 채 속수무책으로 당하기만 했다. 이런 일을 지켜워하면서도 막상 망상이 떠오르면 그것과 관련된 생각을 조금 하다 이내 흐지부지 잊고 마는 게 고작이었다.

그러다 보니 날로 심신은 피폐해져 가고 무슨 일에도 쩍진 맛을 느끼지 못해 밤엔 잠자리에서 악몽에 시달리고, 눈뜬 벌건 대낮에도 이놈의 망상에 휘둘리게 되었다.

그렇게 몇 년을 보냈다.

그런 어느 날, 나는 이 망상과 정면으로 맞서 이놈의 실체가 무엇인지 캐내고야 말겠다고 마음먹었다. 나는 망상의 실체를 벗겨내기 위해 치밀한 작전을 세웠다. 곧 지금까지는 망상이 떠오르면 그것에 휩싸여 조금 생각하다 그만두었는데, 이제부터는 하나의 망상이 튀어나오면 그 망상의 뿌리가 무엇인지 규명될 때까지, 그놈을 놓아 보내지 않기로 했던 것이다. 그러면서 노트를 하나 마련하여 몇 월 며칠 몇 시에 어떤 망상이 떠올랐는데, 그 망상이 떠오르게 된 원인을 분석한 결과 그놈의 실체는 무엇이다 하는 식으로 기록하기로 하였다.

망상은 내 전략을 아는지 모르는지 전과 다름없이 시도 때도 없이 튀어나왔다. 나는 그런 놈들을 내 의식의 동아줄로 꽁꽁 묶어 뿌리가 드러날 때까지 흘려보내지 않고 그 뿌리를 캐고 또 캤다. 그리고 그런 일이 두 달 넘도록 계속되었다.

어느덧 내 노트에는 70여 가지 망상 목록이 적혀 있었다. 그놈들을 유형별로 나눠 실체를 분석한 결과 나는 내 망상에 네 가지 강박관념이 연결되어 있음을 알았다. 피해의식, 가족 문제, 성 문제(어렸을 때 영화에서 보았던 인상에 박힌 기억들), 초연함(초연하고자 하는 강박과 그 반대급부로 주어지는 여러 현실에 대한 압박감).

이 일을 통해 망상은 눈앞의 현실을 피해 가려는, 혹은 피하고자 하는 욕구에서 비롯된 헛된 상상이라는 것을 알게 되었다. 그리고 그 상상은 악은 아닐지라도 악에 가깝다는 것이다.

그 일을 하는 동안 나는 줄곧 의식의 등불을 환히 켜고 있었다. 나의 내면에 대한 집중력을 잃지 않았고 변화에 대한 주의력을 잃지 않았다. 그러면서 느낀 게 의식에 불이 들어오게 하는 일, 다시 말해 '깨어 있는 일'이 얼마나 힘든 일인가를 깨달았다.

망상에 대해 집중적인 투쟁을 벌인 후 나는 어느 정도 정신적 평온과 육체적 건강을 되찾을 수 있었다. 그러면서 마음의 여유도 얻게 되었다. 보이지 않는 것에 휘둘리지 않게 되니 당연한 일이었다.

그 후 망상이 완전히 사라진 것은 아니다. 그러나 어떤 망상이 떠올라도 그 전처럼 내가 속수무책으로 당하고만 있지 않게 되었다. 놈의 정체를 안 이상 내가 당할 이유가 그만큼 줄어든 것이었다.

마음의 눈

◎ 오리로 죽은 백조

하나의 예화로부터 이야기를 시작하자.

어느 날 오리 둥지에서 백조새끼가 부화되어 태어났다. 백조새끼는 다른 오리새끼보다 몸집이 크고 흉해서 우리 안 다른 오리들로부터 따돌림과 괴롭힘을 당했다. 오리들은 백조새끼를 미운 오리새끼라고 불렀다. 미운 오리새끼는 오리의 업신여김을 견디다 못해 오리 우리에서 도망치기로 결심했다.

울타리를 뛰어넘어 도망쳐 나온 미운 오리새끼는 야생 오리들이 살고 있는 황야에 도착했다. 그러나 그곳에서도 미운 오리새끼는 야생 오리들로부터 괴롭힘을 당했다. 하여 미운 오리새끼는 황야를 떠나 보다 안전한 곳, 곧 어느 농부의 집으로 도망쳐 가지만, 그곳 역시 그가 마음 놓고 지낼 만한 곳은 아니다. 미운 오리새끼는 농가 주변에 있는 연못을 발견하고 그곳에서 홀로 지낼 결심을 한다. 그러면서 가을이 오고…… 겨울이 오고.

어느 날 미운 오리새끼는 지금까지 보았던 새들 가운데 가장 아름다운 새를 보게 된다. 긴 목에 깃털이 눈처럼 흰 백조. 그러나 백조는 얼마 안 있어 따뜻한 남쪽 지방을 향해 떠난다. 미운 오리새끼는 백조들을 따라 어디론가 멀리 날아가고 싶었지만, 그러나 그는 그 일이 불가능하다고 생각했다. 아직 너무 어리고, 날개도 튼튼하지 못했기 때문이다.

겨울이 가고 봄이 오고, 남쪽으로 날아갔던 백조들이 다시 돌아왔다. 눈부시게 아름다운 백조들을 보며 그는 자기도 그들처럼 되고 싶다고 생각했다. 그러나 그건 불가능한 일이었다. 왜냐하면 그는 자신에 대해 흉측하고 못생겼다고 생각했으며, 만일 그가 백조들 옆으로 다가가기만 해도 백조들이 자기를 죽일지도 모른다고 생각했기 때문이다.

그는 백조들 곁을 떠나 혼자 쓸쓸히 물 위를 헤엄쳐 연못가 갈대밭으로 숨어들었다. 그리하여 그는 평생을 자신이 못생기고 흉측하다는 생각에 괴로워하며 살다 죽었다.

◎ 자아인식은 마음의 눈

이 이야기는 잘 알려진 안데르센 동화 『미운 오리새끼』에서 따온 것이다. 예화의 앞부분은 원작의 화소話素를 그대로 간추린 것이고, 뒷부분은 원작과는 반대되게 임의로 고쳐 쓴 것이다.

우리도 이 백조와 같지 않을까? 삶은 우리가 우리 자신을 어떻게 인식하느냐에 따라 다르게 형성된다. 스스로를 인식하고 평가하는 태도는 우리 존재가 무엇이며, 우리가 행하는 행위가 무엇인지를 설명해 주는 척도가 된다. 우리는 자신을 어떻게 인식하느냐에 따라 살기도 하고 죽기도 한다.

자아인식은 마음의 눈이다. 어떤 마음의 눈을 갖느냐에 따라 삶이 고양되기도 하고 의기소침해져 침울해 하기도 한다. 사람이 살아가면서 차이가 나는 것은 실제 일을 어떻게 받아들이느냐 하는 태도에 달려 있다.

누구나 살다 보면 여러 일에 부딪히게 된다. 그런데 누구는 지나치게 의기소침해 하고 누구는 대수롭지 않게 잘 넘긴다. 지나치게 스트레스를 받아 건강을 해치는 이도 있고, 어떤 이는 그 일을 자기 삶을 변화시키는 계기로 삼는다. 상황은 비슷한데 상황을 대하는 태도 여하에 따라 어떤 이는 침몰하는 배와 함께 바다 속으로 가라앉기도 하고, 또 어떤 이는 폭풍이 가신 날 아침의 청명한 하늘을 보기도 한다.

◎ 자아인식의 세 가지 태도

마음의 눈으로 본 것은 실제 현실로 나타난다.

사람들의 자아인식의 태도에는 대략 세 가지가 있다.

첫째, 자신에 대해 무지한 사람들이다. 그들은 자기 '안'에서 무슨 일이 일어나고 있는지 알지 못한다.

삶을 구성하는 세 요소는 외부 세계(대인관계나 기타)와 자신의 육체 그리고 정신(마음, 자아인식)이다. 이 세 영역은 서로 격렬하게 작용하여 흩어져 있는 일이 없다.

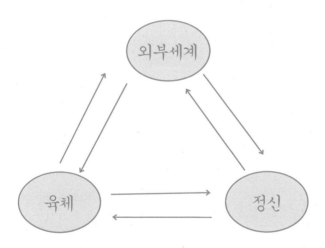

이 세 요소 중 가장 중요한 요소는 자아인식, 곧 마음의 눈이다. 겉보기에 가장 작지만 실제로 인생의 가장 큰 위치를 차지하는 부분이다. 다른 두 영역에 대한 우리의 반응과 행동을 컨트롤하는 것도 자아인식이며, 우리 스스로가 자신에 대해 어떻게 생각하고, 그래서 어떤 감정을 갖게 되는가 하는 것도 자아인식의 결과이다.

그런데도 사람들은 외부 세계나 육체에 대한 관심은 지대하면서도 정작 자기 자신에 대해서는 관심이 없다. 칼 A. 매닝거는 『인간의 마음』에서 다음과 말하고 있다.

통계가 가리키는 바에 의하면 사람들이 20명 모이면 그 중 한 명은 반드시 일찍이 정신병원 신세를 진 적이 있거나, 지금 치료 중에 있거나, 또는 장래에 그렇게 되리라는 것이다.

둘째, 방관자적 입장에 있는 사람들이다. 많은 사람들이 여기에 속한다. 이들은 자기 내부에서 무슨 일이 일어나는지 느끼긴 하지만, 그때뿐 자기 자신에 대해 강 건너 불구경하듯 하고 있다.

셋째는 긍정적이고 역동적으로 자신을 인식함으로써 충만한 삶을 살아가는 사람들이다. 이런 이들은 의외로 많지 않다. 이들은 자기가 자기 자신이라는 점에 만족스러워한다. 이들도 다른 사람과 같은 옷을 입고 싶어 하고, 즐거움을 누리고 싶어 하며, 다른 사람과 같이 행동하고 살기를 원한다. 그러면서도 그들과 똑같지 않다. 이들은 자기 내부에서 일어나는 변화에 세심한 주의를 기울이고, 자신의 감정과 행동을 컨트롤하며, 삶의 즐거움을 만끽한다.

자아인식의 태도는 아무리 많은 돈을 가지고 있다고 해도 살 수 있는 것이 아니다. 그리고 어떤 훌륭한 사회제도에 의해 보장되는 것도 아니다. 마음의 눈은 사고팔 수 있는 물건이 아니라 하나의 사고방식이고 생활방식이며 자신과 세계 사이 오랫동안 형성된 습관이다.

모든 인간이 태어나면서 행복하게 태어나는 것은 아니다. 불행한 환경에서 태어나는 이도 있고 유복한 가정에서 태어나는 이도 있다. 이런 말이 있다.

나는 타인을, 세상을, 날씨를, 그리고 별자리를 바꿔놓지 못한다. 다만 나 자신을 변화시킬 수 있을 뿐이다.

좋은 자아인식을 갖기 위해서는 좋은 자아인식을 갖지 못하도록 내 안에서 방해하는 것이 무엇인가를 성찰하는 데서부터 출발해야 한다. 그것이 무엇일까를 살펴야 하는데, 그러기 위해서는 자신에 대해 정직해야 한다. 자신에 대해 정직하다는 것은 자기 자신과 정면으로 맞설 용기를 필요로 한다. 가식과 연기를 집어치우고 발가벗은 자신과 정면으로 맞설 수 있는 용기.

성찰하다 보면 여러 요인에 의해 좋은 자아인식을 갖지 못한다는 것을 깨닫게 된다. 열등감, 피해의식, 자기연민, 자기도취, 불안 등에 의해서 말이다.

◎ 기대해도 좋을 사람

『팡세』에서 파스칼은 다음과 같이 말했다.

사람은 자기 자신을 알아야 한다. 그것이 진리를 발견하는 데 도움이 되지는 않을지라도, 적어도 자기 생활의 질서를 세우는 데는 도움이 될 것이다. 그리고 이보다 더 당연한 일은 없는 것이다.

자아인식은 우리 마음속에 무엇이 있는가를 알고자 하는 것이다. 그리고 자아인식은 마치 모래밭에 묻힌 보물을 찾아내는 일처럼 이루어질 수 있다. 곧 허위의식, 강박, 선입관, 도덕적 결정론 등, 우리를 뒤덮고 있는 모래를 걷어내야만 자아인식이라는 보물을 찾을 수 있다.

따라서 자아인식은 자신을 인식하고자 하는 노력을 매일 끊임없이 되풀이하는 속에서 가능하다. 자아인식은 하나의 과정이다. 그러므로 우리는 자신의 감각, 지각, 정서, 동기 등의 결과로 나타나는 자기 행동에 대해 엄밀한 관찰자가 되도록 노력해야 한다. 그리고 어떤 일에 대해 결정을 내리고 행동에 옮기는 과정에 대해서도 주의 깊게 살펴보아야 한다.

한번 해 보라! 만일 어떤 문제로 자신이 초조하거나 짜증이 날 때, 그리하여 일을 잘못 처리하여 그 일로 인해 괴로울 때, 초초해하거나 짜증이 난 원인이 무엇인가를 깊이 성찰해 보라. 문제 원인을 외부로 돌리지 말고, 그 외부 세계의 조건을 그대로 인정하면서, 자기 내부를 들여다보라. 그리고 그 전에 있었던 비슷한 일들을 떠올려 노트에 기록하면서 분석해 보라. 문제의 대부분이 우리 자신에게 있다는 것을 알게 된다.

이 일을 게을리 하지 않고 매일 계속한다면 당신은 엄청난 에너지의 소진을 느낄 수밖에 없다. 처음엔 힘이 빠져 기진맥진한다. 그러나 이런 노력을 통해서만 우리는 각자 자신에 대한 인식을 높일 수 있으며, 자신의 행동(말씨)과 반응을 보다 의식적으로 주도할 수 있게 된다. 그리고 우리의 행동과 감정의 모든 변화를 움직이는 그 무엇이 우리 안에 들어 있음을 알게 된다.

세상이 맑아지는 자리

-희생의 의미

"우리 마음의 작용에는 어떤 법칙이 있는 걸까? 하늘의 구름을 몰고 가는 것은 눈에 보이지 않는 바람이다. 바람은 손으로 잡으려 해도 잡히지 않는다. 그런데도 바람은 구름의 방향을 바꾼다. 마음도 마찬가지이다. 손으로 만질 수 없고 눈으로 볼 수 없는 마음이 우리의 행동을 정한다. 모양에 태態가 없고 머묾에 처處가 없는 바람. 사람의 마음도 바람과 같다.

바람이 일었다 자듯 우리 마음도 일었다 잔다. 바람이 그토록 변덕스러운 만큼 우리 마음도 변덕스럽기 그지없다. 마음에 따라 온갖 정념이 일고 정념의 실오라기로부터 백 가지 행동이 나타난다. 보통 사람의 참모습이라 할 수 있는 오욕五慾과 칠정七情도 따지고 보면 마음의 작용에서 일어나는 백 가지 모습들이다."

어느 날 문득 내게 이런 의문이 일었다. 스스로 생각하건대, 지금까지 읽은 책이 최소 오천 권은 넘을 텐데 아직도 책을 더 읽으려 하니 이 무슨 까닭인가. 예나 지금이나 책은 꾸준히 읽는데 나 자신은 무엇 하나 나아진 게 없으니, 하는 자탄의 끝머리에 일어난 의문이었다.

하여 한 가지 일을 시작했다. 그동안 집에 쌓아 두었던 책을 모두 시골집으로 옮겨 놓아야겠다는 거였다. 차를 불렀다. 책 상자를 차에 실었다. 시골집에 가져다 풀지도 않은 채 쌓아 두었다. 그러는 동안에도 한 가지 생각이 꼬리를 물었다. 대체 사람의 마음 작용은 어떻게 일어나는가?

사색과 묵상을 계속하는 동안 내가 만난 사람이 시몬 베이유였다. 그녀는 이미 내가 하는 의문을 앞서 했으며, 명징한 통찰력으로 안개 속에 잠겨 있는 사물들을 불가해한 영역에서 끌어올려 찬란한 빛 속에 드러내고 있었다.

마음의 작용도 사물의 물리적 작용과 다르지 않다. 고무풍선으로 예를 들어보겠다. 바람을 넣은 풍선을 한쪽에서 누르면 다른 한쪽이 튀어나온다. 누른 만큼의 에너지가 작용하여 다른 쪽이 튀어

나오는 것이다. 이 단순한 이치가 사람의 마음에도 똑같이 적용된다. 어떤 에너지이든 에너지는 자기보존 법칙이 있으니까.

마음 작용에는 두 가지 모습이 있다. 하나는 어떤 사람 마음이 외부로부터 손상(상처)받게 되었을 때, 훼손된 만큼의 에너지를 그는 타인에게서 되찾으려고 하는 경향이다. 우리 속담에 '한강에서 뺨 맞고 다른 데 가서 분풀이한다'는 것이 그것이다. 그리고 다른 하나는 외적 요인에 의해 손상된 에너지를 타인에게서 보상받지 못하게 될 때, 자신의 내부로부터 그것을 채우려는 경향이 있는데, 헛된 위안, 헛된 상상력이 그것이다(노신이 쓴 『아큐 정전』의 '아큐'라는 인물을 보라).

그러나 타인을 손상시켜 자신의 훼손된 에너지를 채우려는 경향이나, 헛된 위안 또는 헛된 상상력으로 상처받은 마음을 채우려는 경향은 모두 중력에 무릎 꿇는 일이다. 모두 자기 보존적 충동에서 한 걸음도 벗어나지 못하는 일이며, 결과적으로 자신을 둘러싼 세계의 표상마저 더럽히는 일이 된다.

그렇다면 어찌해야 하는가? 우리는 자기 내적 에너지의 손상을 헛된 위안이나 타인으로부터 구하려 하지 말고, 손상된 상태 그대로 견뎌야 한다. 자기 고통이 한 점 무無로 작아져 사라질 때까지 고통스런 마음을 응시하면서 견뎌야 한다.

나는 이것이 희생이라고 생각한다. 누구나 따르게 마련인 내적 에너지의 일차적 흐름(충동)을 인식하고 방향을 돌려 자기 내부에서 한 점 무가 되어 사라질 때까지 그 고통을 기꺼이 받아들이는 것, 그리고 그런 힘을 가질 수 있도록 늘 깨어 있고 신에게 간구하는 것(왜냐하면 인간의 힘만으로는 그 일을 해내기에 한계가 있기 때문).

세상은 여기서부터 맑아지지 않을까? 우리들이 중력의 작용으로부터 조금이나마 벗어나 손상된 내부 에너지를 다른 무엇에서 구하려 하지 않고 그 자체를 온전히 견딜 때, 그 고통스러움을 견딜 마음의 준비를 늘 하고 있을 때, 선善은 비로소 싹트지 않을까?

다른 무엇으로부터 자신의 내적 공허(상처)를 채우려 하지 않고, 그것을 견딤으로써 비로소 열리는 세계. 베이유는 그 비어 있는 공간으로 신의 은총이 깃든다고 하였다.

내가 생각하기엔 우리의 교육도 문학도 여기에 초점이 맞춰져야 한다고 생각한다. 곧 좋은 문학 작품은 그리고 좋은 교육은 작가나 교사 자신의 영혼의 고통을 통해, 세계의 참된 모습을 독자나 학생들이 느낄 수 있도록 해 주기 때문이다.

자기평가

◎ 자기평가란?

평가란 본래 가치를 인식하고 확인하는 것이다. 따라서 자기평가란 자신의 가치에 대해 자신이 어떻게 인식하느냐 하는 '태도'의 문제라 할 수 있다.

많은 사람이 유년기를 어떻게 보냈느냐에 따라 자기평가가 달라진다고 한다. 다시 말해 어떤 부모와 어떤 환경에서 자라났는가에 따라 자기평가가 다르게 형성된다고 한다.

우리 사회는 유교적 잔재가 많이 남아 있어, 많은 이들에게 가정이란 개인의 인격 형성의 토대가 되기보다는, 가문이나 그 외 다른 사회적 가치를 추구하기 위한 수단쯤으로 여겨졌다. 실제로 막내나 둘째보다 장남의 자기평가가 낮게 나타나는 것도 소위 '대를 이어야 한다'는 외적 가치에 짓눌렸기 때문이다.

자신을 평가하는 시각에는 크게 세 가지가 있다. 하나는 적극적으로 평가하는 것이고, 하나는 그저 그렇게 소극적으로 평가하는 것이며, 다른 하나는 자기비하 혹은 자기 자신을 의심하는 것이다.

적극적인 자기평가는 곧 자신에 대해 긍정적인 감정을 갖는 것으로, 자부심이 높은 것으로 나타난다. 이런 사람은 타인에게 쓸데없는 적개심을 품지 않으며 일부러 자신의 정당성을 주장하려고 하지 않는다.

소극적이거나 자기평가가 낮은 사람일수록 별것 아닌 일에 기분을 상하고 화를 낸다. 남보다 비싼 물건을 소유하려 하며 몸치장을 화려하게 하려고 한다.

정신병리학자인 버나드 홀렌은 비행 청소년에 대해 다음과 같이 말했다.

그들은 언뜻 보기에 독립심이 매우 강한 것처럼 보이고 반항적이며 특히 부모나 교사 경찰 등 권력을 가진 사람들을 싫어하는 경향이 있다. 그리고 번번이 불평과 불만을 늘어놓는다. 그러나 이런 과잉방어라 할 수 있는 그들의 두터운 껍질 밑에는 사실은 부드럽고 상처받기 쉬운 마음이 숨어 있는 것이다. 사실 그들은 누구에겐가 항시 의지하고 싶어 하는 마음이 있다.

하지만 이것이 어디 비행 청소년들에게만 해당되는 문제인가? 우리 주변에, 아니 나 자신의 평소 행동을 면밀히 검토해 본다면 이런 요인으로 인해 얼마나 고통받고 있는가?

끊임없이 투덜대고, 술을 퍼마시고, 내뱉는 말이 상대방에게 어떤 상처를 줄지 헤아리지 않으면서 불쑥불쑥 내뱉고, 그러면서 늘 자신은 외롭고 남이 자기를 몰라준다고 불평이나 하고……. 이런 사람이 글을 쓰고 학생을 가르치고 한 아이의 부모가 되어 호통을 친다.

자신에 대해 긍정적 감정을 가지고 있지 않은데, 누가 자신을 정당하게 평가해 주겠는가?

◎ 어떻게 하면 자기평가를 높일 수 있는가?

있는 그대로 자신을 받아들이는 것이야말로 자신을 바르게 평가하는 가장 중요한 요소이다.

우리는 흔히 자신의 가치를 타인과 비교하는 속에서 판단하려는 경향이 있다. 아무개는 벌써 승진 점수를 다 따 놓았는데, 아무개는 벌써 무슨 무슨 상을 탔는데……. 이러다 보면 남는 것은 끝없는 마음의 긴장뿐이요 더없이 초라한 자신뿐이다.

그러면서 우리는 원의恕意를 품게 된다. 자신이 이루어야 할 과업을 이룰 수 없게 한 다른 요인을 찾아 그것을 원망하고 자기 처지를 한탄한다. 이래 가지고서야 제대로 될 일이 하나도 없다.

타인과 자신을 비교할 것이 아니라 자기 능력과 관심과 목표를 좀 더 깊이 파고들어 자기를 응시하지 않으면 안 된다. 그리고 다른 사람보다 여러 환경이 좋지 않았다고 느꼈던 어린 시절 열등의식을 잊어버리는 것이다.

조사 통계에 의하면 어린 시절 불행한 환경에서 자란 사람일수록 자기평가가 낮게 나타난다고 한다. 불행했던 환경을 자기 발전의 밑거름으로 삼아 보다 원숙한 인격(퍼스낼리티)을 이루는 사람도 있지만 많은 사람들이 그렇지 못하다고 한다.

자신에 대해 좋은 감정을 갖기 위한 또 하나의 방법은 항상 자신의 좋은 점을 자기 자신에게 들려주는 일이다. 지금까지 있었던 일 가운데 좋았던 일(이런 일은 누구에게나 있게 마련이다)을 떠올리고, 그 일이 가능하도록 했던 자신의 모습을 떠올려, 자기 이미지를 긍정적으로 가꾸는 일이다.

횔더린의 『히페리온』에 이런 말이 있다.

　최소의 것에서도 기쁨을 느끼고, 최대의 것에서도 위압당하지 않는다.

또 성경에,

네 몸과 같이 네 이웃을 사랑하라.

그리고 시몬느 베이유가 한 말,

하늘 밖으로 머리를 둔 자는 존재를 먹고 살고, 하늘 아래에 머리를
둔 자는 타인의 의견을 먹고 산다.

네 몸과 같이 네 이웃을 사랑하라는 것은 내가 나 자신을 사랑하
듯 이웃을 사랑하라는 말이 아니다. 나 자신을 사랑할 수 있는 사
람만이 다른 사람도 사랑할 수 있다는 뜻이다.

우리는 얼마나 자기 자신을 사랑하고 있는가.

강박

◎ 나에게 있었던 여러 가지 일

우리는 관계 속에서 살아간다. 사람뿐만 아니라 어떤 일(상황)에 부딪혀 그 일을 해결해야 할 때도 그러하다. 그렇다면 여기서 한 가지 생각해 보자. 지금까지 만난 여러 사람 중에는 유독 내가 좋아하는 사람이 있고, 그렇지 않은 사람이 있다. 사람만이 아니라 일(상황)도 마찬가지이다. 여러 해결 방안이 있음에도 내가 택한 것은 그중 어느 한 가지였다. 그것이 문제 해결을 바르게 했든 아니면 그르쳤든 간에 말이다.

누구에게나 있는 이런 일들이 우리 삶의 내용을 이루고 있다. 다시 말해 여러 사람 중에서 나는 유독 몇몇 사람과 친하고, 여러 일들 가운데 내가 선택한 몇 가지 일이 자기 자신의 삶의 폭을 이룬다는 것이다.

여기서 이런 의문을 가져볼 수 있겠다. 하고많은 사람 중 나는 왜 유독 A라는 사람과 친구가 되었을까? 그리고 왜 나는 어떤 일에는 거부감을 느끼고 어떤 일에는 호감을 갖는가? 왜 내가 선택한 배우자는 수많은 사람 가운데 하필 지금의 그 사람인가?

◎ 강박관념(행동)

강박관념은 왜곡된 자기 이미지이다. 왜곡됐다는 말은 출구가 막혀 정상적으로 성장해야 할 부분이 그 안에 폐쇄된 모습으로 갇혀 있다는 것이다.

왜곡된 자기 이미지는 '내가 생각하는 내 모습은 이러하다, 혹은 이런 모습이어야만 편하다'라는 자기 이미지와 '다른 사람이 나를 볼 때 나는 이런 모습으로 비치겠지, 혹은 그런 모습으로 비쳐야만 내가 편하다'라는 두 가지 의식에 의해 이루어진다.

강박관념은 강박된 행동으로 표출되어 나온다. 강박적 행동은 진정한 자아실현에 걸림돌이 되거나 마비요인으로 작용한다.

예를 들어 어떤 이는 자신을 완벽주의자라고 생각하고, 또 어떤 이는 타인을 위해 봉사하는 데서 자신의 존재 가치를 느낀다. 또 어떤 이는 늘 홀로 있길 좋아하고, 어떤 이는 갈등적 요인이 있는 일이나 그럴 만한 상황은 의식적으로 피하려 든다.

이런 강박관념(^{행동})은 강도나 살인과 같은 사회적 범죄는 아니지만, 그러나 자아실현의 장애가 된다는 점에서 해소되어야 한다

강박관념이란 사람의 성격이나 행동 특성 가운데 유독 지나친 부분을 말하는데, 이것이 해소되어야 함은 그로 인해 자신의 성숙한 발전이 가로막히고 있기 때문이다.

◎ 강박관념의 형성

성인^{聖人}을 제외한 보통 사람으로 이 강박에서 자유로운 이는 없다. 다시 말해 누구나 강박적 요소를 가지고 있는데, 이는 물론 사람마다 다르다.

그렇다면 강박관념은 어떻게 형성되었을까? 여러 요인이 있겠지만 다음 몇 가지를 들 수 있겠다.

첫째, 우리 안에서 돌아가는 '부모 테이프'이다. 부모 테이프란 우리 안에 내장되어 있는, 어렸을 때 부모들이 우리에게 끊임없이 해온 주문을 말한다. '~ ~ 해야 한다', 혹은 '~ ~ 하지 말아야 한다'라는 부모의 주문이 우리도 모르게 우리 안에 끊임없이 쌓여 어떤 무의식적 가치를 형성하고 있는 것이다.

둘째, 성장하면서 겪었던 여러 개인적 경험이나 환경이 또한 강박관념을 형성한다. 폭행을 당했다든가 어떤 일로 심한 정서적 충격을 겪었을 때, 그것이 바르게 해소되지 못하고 우리 내부에 응어

리로 남았을 때, 그것이 강박적 관념으로 형성된다.

◎ 인간을 바라보는 관점

강박관념은 기본적으로 타인이나 상황으로부터 자기 자신을 방어하려는 전략이다. 그러기 위해서는 진정한 자기 모습과는 다른 가면을 써야 한다.

자신의 강박적 행동에 대해 모르는 이도 있지만, 그러나 많은 사람들이 어느 정도는 알고 있다. 그리고 그로 인해 괴로워하는 이는 바로 자기 자신이다. 어떤 상황에 보다 성숙하게 대처할 수도 있는데, 충동적으로 내뱉은 말 한마디 행동 하나로 인해 그들은 늘 뉘우치고 후회한다. 강박에서 벗어나지 못하는 한 인간은 여러 상황의 피해자일 뿐이다.

누군가 하는 행동을 보고 그 사람이 그렇게밖에 행동할 수 없는 까닭을 헤아려본다면, 우리는 그 사람을 조금이나마 이해할 수 있다. 그러면서 더 나아가 그에 대한 연민도 느낄 수 있다.

내게도 강박적 특성이 있다는 것을 인정하고, 타인에게도 그런 점이 있다는 것을 받아들인다면, 아마도 우리들의 타인을 보는 관점도 많이 달라질 것이다.

◎ 공생과 사랑

강박은 내면의 상처이자 무언가로부터 채우지 않으면 견디기 어려운 공호과 같은 것이다. 따라서 그것의 흡인력은 대단히 크다.

서로가 서로를 빨아들이는, 다시 말해 중력에 내맡겨진 상태에서의 만남이 곧 공생共生이다. 서로의 공을 채워주기 때문에 그 만남은 의존적이고 급속히 가까워져 좀처럼 떨어지려 하지 않는다.

사랑처럼 보이지만 결코 사랑하는 것은 아니다. 그들은 관계의 진정한 면을 보지 못하고 상대를 통해 오직 자기 자신만을 보게 된다. 헛된 위안, 동정심 따위를 나눌지언정 사랑의 깊이에는 가 닿지 못한다. 함께하면서 서로를 이용하고, 그러면서 또 떨어지지 못한다. 혼자서는 자신의 내면 깊숙이 파인 웅덩이를 바로 볼 용기가 없기 때문이다. 그들은 상대의 정신적 성장을 배려하기보다는 상대를 통해 자신의 빈 공간을 채우기에 급급하다.

자신의 생장점이 꺾인 사람은 자기 자신도 사랑하지 않을뿐더러 타인도 사랑하지 않는다. 비록 강박으로 인한 결점투성일지라도 자기 자신을 진심으로 받아들이는 사람에게서 우리는 사랑을 기대할 수 있는 것이다.

에코우와 나르시스

　누구나 아는 이야기이다. 그리스 신화에 나르시스라는 요정의 아들이 있다. 나르시스는 그를 쳐다본 사람이라면 누구나 정신을 잃을 정도로 아름다웠다. 하여 그의 어머니 레이리오페는 사랑하는 아들 나르시스가 언젠가 그 아름다움으로 인해 불행해질까 봐 거울을 보지 못하도록 하였고, 요정들은 나르시스가 물가에 갈 때마다 수면을 흔들어 물에 비친 제 모습을 보지 못하도록 하였다.

　그런 어느 날, 숲의 요정 에코우가 사냥을 나온 나르시스를 보았다. 에코우는 나르시스를 보자 곧 불같은 사랑에 빠져들었다. 하지만 에코우는 불행하게도 헤라 여신의 저주를 받아 다른 사람이 하는 말을 따라 하는 것 외엔 아무 말도 할 수 없었다. 결국 에코우는 나르시스의 말만 따라 하다 사랑을 거절당하고, 슬픔 때문에 형체도 없이 스러져 목소리만 남게 되었다.

에코우 외에도 수많은 요정들이 나르시스의 사랑을 얻으려다 죽었다. 그런 일을 보다 못한 샘의 요정이 복수의 여신 네메시스에게 '나르시스가 자기 모습을 볼 수 있게 해 달라'고 기도를 올렸다.

나르시스로 하여금 사랑이 무엇인지 깨닫게 하고, 사랑의 보답을 받지 못하는 것이 얼마나 비참한 일인지 알게 해달라는 기도였다. 복수하는 일이라면 두 발 벗고 나서는 네메시스는 이 요정의 기도를 들어주었다. 드디어 사냥에 지친 나르시스가 샘가에 이르러 물을 마시려고 몸을 구부리다 수면에 비친 제 모습을 보게 되었다. 한 번도 제 모습을 본 일이 없는 나르시스는 그 빛나고 황홀한 물 속의 얼굴을 보고 "너는 누구니?" 하고 물었다. 그러나 대답은 "너는 누구니?"라는 메아리뿐

이었다. 그리고 팔을 내밀어 자기 얼굴을 껴안으려고 하면 감쪽같이 사라져 버리는 것이었다.

당황한 나르시스는 먹는 일도 자는 일도 잊고 정신없이 물에 비친 제 모습만 바

라보았다. 그러다 그는 그 자리에서 죽어 버렸고, 그곳에서 꽃 한 송이가 피어올랐는데, 그 꽃이 수선화라는 꽃이다.

나는 나르시스와 에코우는 어느 면에서 동일가치 속에 있는 존재라고 생각한다. 자기 이미지에만 온통 정신이 팔려 있는 사람은 나르시스와 같고, 자기보다 타인의 이목에 정신이 팔려 있는 사람은 에코우와 같다. 하지만 나르시스와 에코우는 둘 다 불행하다. 거울(또는 상상)에 비친 자기 모습만을 믿고 사는 나르시스나 다른 사람에게 인정받겠다는 욕망에 따라 사는 에코우는 사실 자신의 진실한 모습을 외면하고 있다.

성숙한다는 것, 어른이 된다는 것은 무엇을 의미하는 것일까? 나르시스처럼 자기 자신에만 빠져 있어 되는 걸까? 아니면 에코우처럼 남의 목소리만 흉내내면 되는 것일까?

우리는 우리 자신을 어떻게 보느냐에 따라 살기도 하고 죽기도 한다.

과거나 미래의 모습이 아닌 '지금 여기' 나의 모습을 바르게 직시하고 평가하기 위해서는 무엇보다 우리가 어떤 태도를 갖고 자신을 대하느냐에 달려 있다 할 것이다.

깨어 있기

성서에 하늘나라에 드는 것에 대한 열 처녀의 비유가 있다.

열 처녀가 저마다 등불을 가지고 신랑을 맞으러 간다. 그 가운데 다섯은 미련하고 다섯은 슬기롭다. 미련한 처녀들은 등잔을 가지고 있었으나 기름을 준비하지 않았다. 한편 슬기로운 처녀들은 등잔과 함께 기름도 그릇에 담아 가지고 있었다.

신랑이 늦도록 오지 않아 처녀들은 모두 졸다가 잠이 든다. 그런데 한밤중에 "저기 신랑이 온다. 어서들 마중 나가라!" 하는 소리가 크게 들려온다. 이 소리에 처녀들은 모두 일어나 제각기 등불을 챙긴다. 미

런한 처녀들은 그제야 슬기로운 처녀들에게 우리 등불이 꺼져 가니 기름을 좀 나누어달라고 한다. 그러나 슬기로운 처녀들은 우리 것을 나누어주면 우리에게도 너희에게도 다 모자랄 테니 너희 쓸 것은 차라리 가게에 가 사다 쓰는 것이 좋겠다고 한다. 미련한 처녀들이 기름을 사러 간 사이에 신랑이 온다. 준비하고 기다리고 있던 처녀들은 신랑과 함께 혼인잔치에 들어가고 문이 잠긴다. 뒤에 미련한 처녀들이 와서 문을 열어달라고 하지만 신랑은 나는 당신들이 누구인지 모른다며 외면한다.

성서에 기록된 많은 내용들은 비유로 되어 있다. 나는 비유가 아닌 직접 화법으로 말해도 사람들이 이해하기 어려울 텐데, 왜 예수님은 많은 것을 비유로 말씀하셨을까 생각해 본 적이 있다.

여기서 말하는 하늘나라나 열 처녀 그리고 신랑은 모두 비유이다. 비유의 본뜻을 헤아려보면서 내가 유독 골몰한 것은 '하늘나라'라는 말이다.

하늘나라에 대한 내 생각은 이러하다. 하늘나라란 죄 지은 사람이 죽어 가게 되는 무시무시한 지옥과 대비되는 차원에 있는 그 어떤 곳이 아니라, 성령의 빛이 깃들어 평화롭고 은총이 충

만한 우리들 내면세계라는 것이다. 믿음이 충만하여 살아가는 모든 일에 감사하고, '나'의 의지나 감정에 붙좇아 휘둘리지 않고, 성령 말씀에 따라 순종하며 살아가도록 집중력을 잃지 않는 깨어 있는 마음.

흔히 있는 일이지만 우린 자신의 감정에 휘둘리며 살아간다. 어떤 일을 하는데도 성급함과 초초함이 우릴 괴롭힌다. 그뿐만이 아니다. 우리는 우리 고집대로 사람과 세상을 판단하고 틀 지우려 한다. 일상 속에서 우린 격랑에 휩쓸리는 배처럼 상황에 이끌리고, 갈무리되지 않은 자기감정으로 일을 망쳐 버린다.

이따금 과연 성인聖人의 내부는 어떠할까 생각해 보는 때가 있다. 한 가지 분명한 것은 그들은 우리들이 범접하지 못할 어떤 선(한계)을 넘어선 상태에 있고, 그러다 보니 그들의 내면도 우리와는 차원이 다른 상태에 있지 않을까 하는 것이다. 뭐랄까? 거센 바람에도 흔들리지 않는 그물 같다고나 할까? 거기에 비해 우리들 성정은 조금만 바람이 불어도 펄럭이는 돛과 같을 것이다.

그런 우리에게도 깨어 있는 때가 없는 것은 아니다. 그 차원이 성인의 그것과 어떻게 다를지는 잘 모르지만, 자신을 응시하고 명상하는 동안 개안開眼과 회심回心에 이르는 때가 있다.

그러나 문제는 그런 순간이 지속되지 못한 채 생활에 휩쓸려, 끝내는 깨쳤던 말씀마저 잊고 만다는 데 있다. 방심하는 사이 진리의 빛이 흐려지고 지워져 우리의 의식이 등화관제 되어 버린다는 것이다.

우리는 자존심, 선입견, 지식, 무의식 중에 쌓인 관념과 이것이 '나'라고 믿는 많은 것들에 의해 우리 의식의 불을 스스로 꺼 버린다. 그리하여 다시 청맹과니의 삶을 살아가는 것이다.

실제로 노력해 본 사람이라면 깨어 있기가 얼마나 힘든가를 알 수 있다. 내가 지금 어디에 있고, 내 안의 감정이 어떻게 일렁이고 있는가를 자성의 눈으로 살피지 않는 한 우린 잠깐이라도 의식의 빛을 잃게 된다. 넘어지면서도 무엇에 걸려 넘어지는 지를 알지 못하는 우리들에게 깨어 있기란 참으로 어려운 일임에 틀림없다.

제5부

아이들의 눈물은 짜다

아이들의 눈물은 짜다

'땡전 뉴스'라는 게 있었다. 저녁 9시 뉴스를 시작할 때 시간을 알리는 신호음과 함께 '전두환 대통령은······'으로 시작되는 뉴스라 하여 그렇게 이름 붙은 말이었다.

그 즈음이었다. 나는 공주 어느 약국에 있었다. 여름방학을 맞아 후배들과 함께 탈춤 반 합숙에 들어갔는데, 머리가 아팠다. 처음엔 참았지만 갈수록 통증이 심했다. 할 수 없이 시내에 나왔다. 약을 사먹기 위해서였다.

알약 한 알을 털어 넣으며 나도 모르게 눈길이 TV로 향했다. 마침 저녁 9시 뉴스를 시작하고 있었다. 그런데 이상했다. 다른 때 같았으면 땡 하는 신호음과 함께 전두환 어쩌구로 시작하던 방송이 그날은 그렇지 않았다.

"민중교육 당신의 자녀를 노린다."

TV 화면에 『민중교육』 책자의 붉은 색 표지 부분이 도드라져 보이고, 고딕체 글씨로 자막이 큼지막하게 박혀 있었다. 나는 '민중교육? 어디서 많이 들어본 말인데.' 하며 TV를 주시했다. 뉴스 진행자는 현직 교사들이 만든 『민중교육』이라는 책자가 학생 운동권에서 주장하는 '삼민투(민족 민주 민중 투쟁)' 이념을 그대로 담고 있고, 분단 상황을 왜곡하는 등, 좌경 용공사상에 기초해 학생들에 대한 의식화 교육을 노리고 있다며 입에 침을 튀겼다.

순간 나는 깜짝 놀랐다. 『민중교육』지에 대한 내용 분석이 일도양단一刀兩斷으로 진행되는 가운데 내 시가 갑자기 튀어나왔기 때문이다. 시 「너희들에게」가 화면 가득 클로즈업되면서 붉은 색 싸인펜으로 밑줄이 죽죽 그어지고 있었다.

싹수 있는 놈은 아닐지라도
공부 잘하고 말 잘 듣는 모범생은 아닐지라도
나는 너희들에게 희망을 갖는다
오토바이 훔치다 들켰다는 녀석

오락실 변소에서 담배 피우다 걸렸다는 녀석

술집에서 싸움박질하다 끌려왔다는 녀석

모두 모두가 더없는 믿음이다

공부 잘해 대학 가고 졸업하면 펜대 굴려

이 나라 이 강산 좀먹어가는

관료 후보생보다

농사꾼이 됐지 노동자가 됐지

모르는 너희들에게 희망을 갖는다

이 시대를 지탱해 가는 모든 힘들이

버겨진 사람들, 그 굵은 팔뚝에서 나오는 것이기에

나는 너희들을 믿는다

공무원 관리는 되지 못해도

어버이의 기대엔 미치지 못해도

동강난 강산 하나로 이을 힘이 바로 너희들

두 다리 가슴마다 깃들어 있기에

나는 믿는다, 통일의 안개이로 우뚝우뚝 커가는

건강하고 올곧찬 너희 어깨를.

-「너희들에게」전문

이 시에 대해 해설자는 "사회의 어두운 면을 부각시켜 공산주의자들이 감정에 호소하는 식의 '민중봉기'를 기대하는 것이 역력하다"며 열을 올렸다. 순간 머릿속이 하얗게 비었다. '용공', '계급투쟁', '민중봉기' 같은 말들이 내 안에서 뒤죽박죽 엉키면서, 섬뜩한 전율이 가슴 밑께에 회오리바람을 일으켰다.

문제가 심상치 않구나, 직감하며 약국 문을 나섰다. 이렇게 나는 5공화국 말기 전두환 군사정권에 의해 철저히 왜곡 조작된 이른바 『민중교육』지 사건의 당사자가 되었으며, 등단과 함께 필화를 겪게 되었다. 1985년 8월 6일의 일이다.

❖

80년 대 이후 한국 민주화 운동의 진원지는 역시 광주다. 광주 민중항쟁은 항쟁에 참여한 사람이나 그렇지 못한 사람에게 봄볕 같은 민주의 빛을 쬐게 하였고, 동시에 엄청난 부채의식을 심어 주었다. 피비린내 나는 항쟁의 진압과 그 후 일상의 발목을 조여 오는 폭정의 사슬. 그러나 참으로 역설적인 것은 오히려 폭압이 심할수록 짓밟힌 군홧발 밑에서 저항을 모색하는 몸부림들이 비어져 나오기 시작했다는 것이다. "바람보다 늦게 누워도 / 바람보다 먼저 일어나고 / 바람보다 늦게 울어도 / 바람보다 먼저 웃는/ '풀'들이 침묵 속에서, 의미심장한 눈빛을 주고받으며 꿈틀대기 시작했다.

사회 각 분야에 일기 시작한 이런 움직임은, 문학 쪽에서는 여러 동인 형태로 나타났다. '5월 시', '삶의 문학', '분단시대' 같은 동인 모임이 활성화되었고, 교육 쪽에서도 글쓰기 모임과 YMCA 중등 교사 모임 등이 생겨났다. 그리고 『민중교육』지도 이런 일련의 흐름 속에서 제작되었다.

❋

그 사건이 있은 지 25년이 지난 오늘 책꽂이 한쪽에 꽂혀 있는 책을 꺼내 본다. 1985년 5월 20일 발행으로 되어 있고, 펴낸이 이문구, 362쪽에 정가는 3,500원이다. 당시 배포했던 유인물도 몇 장 들춰본다. 문공부 장관 명의의 납본 필증과 서울시 교장단 회의 자료, 문교부에서 낸 『민중교육』지 내용 분석 자료, 그리고 이후 투쟁 과정에서 각 단체에서 낸 성명서들이다. 모두 2벌식 타자기로 친 것들이다. 낯익으면서도 생소하다. 오타는 그대로 박박 지워져 있고 글씨는 흐려 잘 보이지 않는다.

지금 우리 사회는 그 때와는 비교할 수 없을 정도로 달라졌다. 교사들은 전교조를 결성하여 합법화된 지 10여 년이 더 지났고, 많은 제도 개혁 투쟁과 그에 따른 삶의 현장도 크게 달라졌다.

그런데도 이른바 '민중'들의 삶을 들여다보면 가슴이 답답하다. 그들과 한 테두리 안에 있는 아이들을 생각하면 숨이 막혀온다. 그들의 고통은 이제 내면화되어, 겉으로 볼 때엔 멀쩡한데 속은 곪아 터져 있다.

나의 손은 좀 작다. 그리고 나의 손등은 거칠하다. 나는 엄마가 안 계시다. 그래서 아빠랑 살고 있다. 그래서 내가 첫째라서 가장 힘든 일을 많이 한다. 특히 손으로 하는 일이 너무 많다. 설거지, 손빨래, 이런 걸 거의 매일 하다 보면 손에 주부습진이라는 게 걸린다. 나도 오른쪽 엄지손가락에 한번 났었다. 막 찢어지고 피도 났다. 그래서 이젠 안 되겠다 싶어서 아빠한테 자꾸 아프다고 얘기했다. 그랬더니 아빠가 그 뒤론 진아한테 설거지를 시켰다. 그 대신 난 상을 치웠다. 참 편했다. 그런데 몇 날이 지나니깐 거의 다 나았다. 하지만 지문까지 벗겨져서 참 보기 안 좋았다. 그리고 이젠 내가 또 설거지를 한다. 그런데 진아에게도 손등 뼈 있는 데에 뭐가 났다. 그것도 주부습진 같았다. 그래서 쌀을 씻을 땐 둘이 돌아가면서 씻었는데 이젠 내가 다한다. 참 귀찮다.

-「나의 손」, 김주연(중1, 여)

나는 남들 앞에서 약한 모습을 보이지 않으려고 한다. 집에서 아무리 안 좋은 일이 있어도 학교에서는 오버하며 웃고 떠들어야 한다. 약한 모습을 해서는 절대 안 된다고 나 자신과 약속을 하였기 때문이다. 사실 우리 집은 그다지 화목한 가정은 아니라고 다들 말한다. 어디까지나 다른 사람들이 보는 기준이지만 말이다. 부모님께서 별거하고 계시고 이제 막 이혼까지 하려고 하시기 때문이다. 이런 우리 집 사정을 어쩌다 알게 된 사람들은 나를 보고 불쌍하다고 하지만 나는 내가 왜 불쌍한지 모르겠다. 나는 전혀 불쌍하지도 불행하지도 않은데 말이다. 부모님께서 성격 차이로 별거하실 수도 있는 거고 다른 사람이 좋아져서! 재혼을 할 수도 있는 건데 말이다. 이해가 잘 되지 않는다. 부모님이 이혼한 아이는 뭐가 다르다고 생각하는 것일까? 나를 생각해준다며 하는 말과 행동이 나에게 더 상처가 된다는 것을 모르는 것일까? 언제부터 불쌍한 아이의 기준이 부모님이 이혼한 아이로 바뀌게 되어 버린 것일까?

이렇듯 나는 약해지고 싶어도 약해질 수 없는 아이이다. 나와 같은 일을 겪어본 사람이 아닌 이상 이런 내 기분을 다른 사람들은 죽어도 못 느낄 것이다. 그렇기 때문에 나는 다른 사람들 앞에서 더더욱 강해져야만 한다. 그게 나 자신과 한 약속이다.

사실 늘 괜찮은 척 강한 척하는 내가 때때로 한심해질 때도 있다. 대체 '언제까지 끝나지 않는 연극을 해야 하나.' 이런 생각을 하며 말이다. 어쩌면 나 자신이 나를 더욱더 비참하게 만들고 있는지 모른다.

하지만 지금만큼은 내가 내 자신을 지키는 것이 최선의 방법이라고 생각한다. 그리고 나는 지금 이 순간까지도 다른 사람들에게 약한 모습을 보이지 않으려 노력하고 있다. 이 약속이 언제까지 지켜질지는 모르겠지만 말이다.

-「나 자신과 하는 약속」, 박은미(중1, 여)

자기 앞의 생을 살아가는 요즘 아이들의 모습이다. 고통이 내면화되어 그것이 벌써 어린 나이에 하나의 '인격'으로 굳어가고 있다.

나는 이 아이들과 상담할 때 아이들의 눈망울에 맺혀 있던 금방이라도 굴러떨어질 것 같던 눈물을 잊을 수 없다.

아이들의 눈물은 짜다. 삶의 중압에서 오는 고통이 크기 때문이다. 만성 질환과도 같은 고통. 시간이 갈수록 어디가 아픈지도 모른 채 하루하루를 견디고, 그러면서 기쁨이나 행복과는 동떨어진 삶을 살아가는 아이들.

이 아이들을 위해 교사가 할 수 있는 일이 무엇이겠는가?

일회성 행사 유감

　광복절 날 가족과 함께 독립기념관에 갔다. 서울에서 내려온 딸애가 꼭 한 번 가 보자고 해서였다. 매표소를 지나 현관에 이르니 사람들이 모여 북새통을 이루었다. 무얼 하나 가만 보니 차례로 줄을 서서 기다렸다 바닥에 깔린 대형 천에 손도장을 찍고 있었다. 안중근 의사가 조선 침략의 원흉 이토 히로부미를 하얼빈 역에서 격살한 지 100주년 되는 해를 기념하여 '대한국인 손도장 찍기' 행사가 열리는 중이었다. 알고 보니 그 행사는 시·도별 각 지방 보훈처에서 주관하는 것으로, 그렇게 찍은 손도장을 안 의사 의거일인 10월 26일 각 지역의 관공서에 내걸어 안 의사의 거룩한 뜻을 높이 드러낸다는 것이다.

1909년 3월, 안중근은 동지들과 비밀결사대斷指會를 조직한다. 이토를 암살하기 위해서였다. "앞으로 3년 안에 이등박문을 암살하지 못하면 대한제국 국민들에게 속죄하는 마음으로 스스로 목숨을 끊겠다"고 다짐할 만큼 안중근의 생각과 계획은 오로지 하나였다.

그해 9월, 이토가 북만주 시찰을 목적으로 소련의 코코프체프와 회견하러 온다는 정보를 입수한 안중근은 그동안 잠시 머물던 권한촌(훈춘과 방천 사이에 있는 마을)을 떠나 연해주에 도착한다. 그리고 그곳 크라스키노에서 단지동맹을 가진 뒤 블라디보스토크발 하얼빈 행 열차에 몸을 싣는다. 10월 26일 이토가 탄 열차가 하얼빈 역에 도착하고, 그를 마중 나온 코코프체프가 열차 객실로 들어가 회담을 마친 뒤 이토와 나란히 소련 의장대 사열을 받으며 환영 인파 쪽으로 걸어 나올 때, 안중근은 가슴에서 권총을 꺼내 세 발의 방아쇠를 당긴다.

안중근은 현장에서 '코레아 우레(조선 만세)'를 외치며 체포되어 뤼순 감옥에 갇힌다. 그곳에서 그는 사형 선고를 받은 후 항소를 포기한 채 「동양평화론」을 집필한다. 「동양평화론」은 한·중·일 세 나라의 공존과 단결을 뼈대로 하는데, 자신이 사형당하는 뤼순을 근거지로 한·중·일의 '동양평화회의'를 창설하여 세 나라의 공동 은행과 공동 화폐 유통을 주창한 것이다(이상 박영희, 『만주를 가다』에서).

안 의사 의거 100주년을 기리기 위한 행사가 국내에서 다채롭게 준비되고 있다. 의거일인 10월 26일을 기념하기 위해 '1026명의 청소년 나라사랑 인간 띠 잇기' 행사를 비롯하여, '대한국인 손도장 찍기', 다큐멘터리 제작, 오페라 '안중근' 공연, 시민 음악회, 학술대회 개최 등이 열린다고 한다.

그런데 이런 행사를 보는 마음이 편치 못하다. 솔직히 편치 못한 정도가 아니라 화가 치밀어 오른다.

지난 여름 만주를 여행했다. 이른바 동북 3성이라는 요령성, 길림성, 흑룡강성을 두루 다녔는데, 그러면서 느낀 것이 있었다. 한마디로 중국은 우리나라 사람들이 만주에서 행했던 일제에 대한 항일 투쟁 흔적을 어떻게든 지우려 한다는 것. 그리고 이미 거의 다 지웠고, 오늘날에는 고대사-근대사 부분까지 왜곡하고 있다는 것.

그들은 최소 30년 앞을 내다보면서 남북한을 포함한 동북아 지역에 대한 중·장기적 정책을 수립하고, 예산을 배정해 하나하나 치밀하게 밀고 나가고 있었다. '동북공정'이란 말로 표현되는 만주에서 조선인의 역사를 없애려는 저들의 끈질기고 빈틈없는 정책 앞에 기가 막혀 말이 나오지 않을 정도였다.

발해의 수도였던 상경에 갔을 때였다. 안내판 첫줄에 "발해는 당나라 때의 지방정권"이라고 되어 있다. 어처구니가 없어 사진을 찍으려는데 어느새 따라붙은 중국 감시인이 찍지 말라고 한다. 사정이 이러한데 우린 그동안 뭘 했나? 고작 '대조영'이라는 사극 하나

하얼빈 역사 바닥에 표시되어 있는 격살 표지.

만들어 TV나 보고 있지 않았나?

하얼빈 역도 마찬가지였다. 안 의사가 이토를 격살한 일을 기념하기 위해 원래는 그 자리에 표지석을 세웠다고 한다. 그러나 지금은 그것이 철거되고 역사 바닥 타일에 삼각형으로 조그맣게 표시되어 있을 뿐이다.

얼마 전 신문에 안 의사 동상 제막식을 할 거라는 보도가 있었다. 무슨 일인가 자세히 보니, 하얼빈 시내에 세워졌다 11일 만에 철거되어 국내로 돌아온 안 의사 동상을 의거 일에 맞춰 부천 안중근 공원에 세운다는 거였다. 그 기사를 읽으며 스쳐가는 의혹이 하나 있었다. 아마도 중국 정부가 안 의사 동상을 하얼빈 역에 세우지 못하게 했을 것이라는 것. 왜냐면 앞서 말한 대로 중국 정부는 조선인의 항일 투쟁 흔적을 모두 지우려 하고 있고, 동상은 오로지 김좌진 장군 동상만 하나 남겨놓았는데, 그것도 3미터는 족히 될 담벼락에 둘러싸여 있어 밖에서는 바라볼 수 없도록 해 놓았기 때문이다.

안중근 의사의 숭고한 뜻을 기리자는데 따따부따할 생각은 없다. 그러나 이것이 일회성 전시성 행사에 그치는 것 같아 답답하다는 것이다. 중국은 바늘 끝으로 상대의 눈을 찌르려고 하는데, 우리는 허공을 향해 도끼질이나 해대는 것 같아서이다.

무엇을 울고 갔을까

집 근처에서 우는 풀벌레 소리가 새로 바른 문종이처럼 짱짱하다. 가을에 기대어 우는 것들의 기세가 햇빛 받아 여무는 벼 알갱이 못지않게 통통하다. 그러고 보니 어느덧 입추가 지나고 처서가 지났다. 이제 곧 여름 속에 숨어 있던 가을이 복병처럼 몸을 일으켜 소슬한 기운을 하늘로부터 펼칠 것이다.

집에 들어와 신문을 들춘다. 나는 신문을 일주일 내지 열흘 지난 것을 본다. 그러니까 구문舊聞을 보는 셈인데, TV를 통해 보고, 출퇴근하면서 라디오로 들은 사건 사고 소식을 신문에서까지 봐야 할까 싶어서이다. 그렇게 구문을 보다 보면 자연 웬만한 기사는 대충 넘어가고 눈에 들어오는 몇 가지를 짯짯이 보게 되는데, 그렇게 보는 기사는 대부분 신문 귀퉁이에 숨어 있거나 본문 맨 끄트머리에 놓여 있어 눈에 띄지 않을 때가 많다. TV나 라디오에서 놓친, 혹은 이미 방송을 통해 듣긴 했지만 새롭게 다가오는 것들인데, 대부분 큰 활자들 사이사이 끼어 있는 디테일한 내용들이다.

신문은 김대중 전 대통령 서거 소식을 전하고 있었다. 그분의 마지막 임종과 6개월간의 일기 그리고 영결식에 관한 내용이었다. 사실 난 그분이 돌아가시기 전 그분이 이명박 정권이 끝날 때까지라도 살아 계셨으면 하는 바람을 가지고 있었다. 그때까지 어떤 가능성을 갖고 뭘 해 보겠다는 전망이 진보진영에 있어서가 아니었다. 상식이 통하지 않는 답답한 시대에 큰 어른에게 기대고자 하는 막연한 심리였을 것이다. 그리고 그때까지만 버텨주면 우리도 뭔가 심기일전하여 해 볼 수 있지 않을까 하는 생각이었다.

헛헛한 가슴으로 기사 제목을 훑어나갔다. 그런데 문득 이런 내용이 눈에 띈다. "18일 연세대 세브란스 병원 중환자실에서 김 전 대통령의 임종을 지켜본 조카 김홍선 씨는 '돌아가시기 3일 전부터는 상태가 점점 나빠져서 눈조차 뜨지 못하셨고, 눈물을 흘리기보다는 간혹 비치는 정도였는데, 작별 인사를 할 때는 이야기를 다 알아들으시는 듯 줄곧 눈물을 흘리셨다."(『한겨레 신문』 2009년 8월 20일)

나도 중환자실이나 요양원에서 임종이 얼마 남지 않은 분들이 흘리는 눈물을 본 적이 있다. 창백한 얼굴에 한두 방울 빼짓이 내비

치는 눈물. 입술이 일그러지지도 않고 미간에 주름이 잡히지도 않은 채, 고요히 잠든 듯한 눈가에 맺히는 메마른 눈물. 귓전에 흘러내릴 양도 되지 않아 하염없이 눈가에 남아 있는 그 눈물을 보며 억장이 무너져 내릴 것 같은 순간들이 있었다.

그런데 그분께서도 임종 직전 눈물을 흘리셨다. "이야기를 다 알아들으시는 듯 줄곧" 말이다. 그 순간 그분은 무엇을 울고 가셨을까? 가족들 한 분 한 분, 팔십 평생 겪으신 인생의 영욕과 그 안에 깃든 영원과 무상함을 울고 가셨을까?

그분 일기에 이런 말들이 적혀 있다고 한다. "국민이 불쌍해서 눈물이 난다." "(용산 참사 후) 이 추운 겨울에 쫓겨나는 빈민들의 처지가 너무 눈물겹다." "가난한 사람들, 임금을 못 받은 사람들, 주지 못한 사람들, 그들에게는 설날이 큰 고통이다."

나는 최근에 그야말로 크나큰 통곡을 본 적이 있다. 노무현 전 대통령 영결식 때 노 전 대통령 부인 권양숙 님 손을 잡고 김 전 대통령께서 터뜨린 울음이었다. 세상에 그렇게 처절할 수가! 팔십 노구의 불편한 몸에 그야말로 반쪽이 무너져 내린 듯한 아픔이 고스란히 묻어 있는 처절한 오열! 그것은 대통령이기 이전에 한 인간의 진정성만이 가 닿을 수 있는 신성의 영역이었다.

그분이 가신 지금 앞 이빨이 빠져 입만 벌려도 찬바람이 숭숭 들이치는 것 같다. 비바람에 지붕이 날아간 집에 속수무책으로 웅크리고 있는 듯한 마음이다. 생의 환멸을 부채질하는 저들 앞에 그분이 외로워했던 만큼이나 우리도 외로울 것이다.

정경모 선생

2009년 5월부터 12월까지 140회에 걸쳐 일본에서 아직도 망명 중인 정경모 선생의 글이 『한겨레 신문』에 연재되었다. 글 제목은 「정경모: 길을 찾아서-한강도 흐르고 다마가와도 흐르고」인데, 80이 넘은 선생의 일생에 대한 장대한 회고록이다.

선생을 내가 처음 안 것은 지난 1980년대이다. 우리나라 분단 현실을 독특한 형식으로 소개한 『찢겨진 산하』라는 책을 통해서였다. 우리나라 분단에 대해 적실하게 파헤쳐 놓은 책은 선생의 책 말고도 여럿 있었다. 송건호의 『해방 전후사의 인식』이라든가 부르스 커밍스의 『한국전쟁의 기원』 등이 그러했다. 그러나 『찢겨진 산하』의 독특함은 이야기를 전달하는 방식에 있었다. 해방 정국의 풍

운아 김구 여운형 장준하 이 세 사람이 구름 위에서 갈라진 한반도를 내려다보며 서로 이야기하는 방식으로 씌어진 이 책은, 객관적 자료를 들이대고 논리적으로 조목조목 따져 들어가는 다른 글과는 달리, 과거에 있었던 일에 대해 회상하는 형식의 '이야기'로 쓰여, 독자로 하여금 분단의 실제 상황을 체험하게끔 하는 독특한 매력이 있었다.

나는 선생의 연재 글을 한 회도 거르지 않고 다 읽었다. 사실 다른 사람의 연재 글을 빠뜨리지 않고 읽는다는 것은 여간한 성의가 없이는 불가능하다. 나는 지금까지 신문에 연재된 다른 글을 읽은 적이 없다. 소설 같은 경우 처음 시작할 때는 한번 읽어보자 하여 덤볐다가, 얼마 못 가 이내 시들해져 접고 만 일이 많았다. 그러나 선생의 글은 신문에서 놓친 것은 인터넷을 통해 찾아 읽을 정도로 빼놓지 않았다.

8개월여 동안, 매일 연재된 글을 읽고 난 지금 머릿속에 인상적으로 남은 대목이 두 군데 있다. 하나는 6회(5월 11일, 월) 때 소개된 다음과 같은 내용이다.

21세기인 요즘까지도 독일이 2차 대전 때 체코나 폴란드 등의 동유럽에서 노예노동판으로 강제연행 당했던 사람들을 위해 100억 마르크의 기금을 설치하고, 2001년 당시 생존해 있는 노인들에게 보상금을 지불하고 있다는 것은 『한겨레』도 보도했을 법한 사실인데, 아무튼 그 기금의 명칭이 '기억·책임·미래'로 되어 있어요. 가해자인 자신들이 옛날 일을 잊지 않고 거기에 대해 책임을 지며, 인간다운 미래를 구축하자, 그런 뜻이 아니겠소이까?

정경모 선생

선생은 전후 일본이 독일에 비해 식민지 침략의 죄과를 참회하거나 죄책감을 느끼는 심정이 희박한 것은, 그 이유가 그때 미국이 의도적으로 부추긴 일본의 민족적 우월감에서 비롯된 것은 아니었을까, 하는 의심이 든다고 했다. 그러면서 그 이유로『만일 38선이 없었더라면』(Without Parallel · Pantheon, 1973)이라는 프랭크 볼드윈의 책을 근거로 든다.

나는 이 글을 읽으며 나도 모르게 무릎을 쳤다. '기억·책임·미래'라는 말 때문이었다.

'기억·책임·미래'라.

그러면서 동시에 우리나라 친일 청산의 역사를 떠올렸다. 해방 정국의 혼란 속에 친일파를 청산하고 민족정기를 바로잡으려는 노력의 일환으로 결성된 반민특위가 어떻게 흐지부지 해체되어 갔는지, 이후 미군의 비호 아래 친일파들이 어떻게 득세하여 해방 후 좌·우의 대립과 민족분단의 비극으로까지 치달아 갔는지, 그동안 정신대 할머니들의 피해보상 요구를 일본은 어떻게 외면해 왔는지…….

그런데 독일에서는 가해자인 자신들이 그 가해 사실을 인정하고 피해자들에게 보상하기 위해 세운 기금의 명칭이 '기억·책임·미래'라는 말 앞에 나는 전율하지 않을 수 없었다. 가해 사실을 잊지 않고 기억하고, 그 사실에 대해 실제로 책임지며, 그러한 일이 선행될 때 인류에게 미래라는 것도 비로소 존재할 수 있다는 그런 의미가 아니겠는가?

그렇다면 2차 대전의 전범국인 일본과 독일의 태도가 어떻게 이렇게 다를 수 있는가? 이에 대한 답을 선생은 조심스럽게 그렇게 된 이면에는 미국이라는 나라가 있다고 근거를 들어 이야기하는 것이다.

선생의 글 가운데 또 하나 기억에 남는 것은 문익환 목사와 관련된 '괴소문'과 죽음에 대한 이야기이다. 전체적인 맥락의 이해를 돕기 위해 길지만 전문을 인용한다.

이제 1994년 1월 18일 아침 여느 때와 다름없는 건강한 모습으로 수유리 자택을 나온 문익환 목사가 그날 오후 8시 반 세상을 떠났다는 비극을 말해야 될 차례가 된 것 같은데, 그날의 비극은 일본에 본부를 두고 있는 '범민련' 해외 조직이 직접 관련되어 있었기 때문에 우선 거기서부터 사태의 경위를 풀어 나가기로 하겠소이다.

문 목사의 평양 방문으로 이루어진 '4·2 공동성명'의 여세를 몰아 '범민련(민족통일범민족연합)'이 평양에서 결성된 것은 이듬해인 90년이었는데, 평양이 서둘러 이 조직을 결성한 배경에는 앞에서 말한 천안문 사건에서 베를린 장벽의 붕괴에 이르는 세계정세의 급격한 변화에 대처해야 할 긴박한 필요가 있지 않았겠소이까. 아무튼 그때 평양에서 결성된 범민련 조직의 북쪽과 남쪽 본부 의장으로는 각각 백인준 씨와 문 목사가 선임됐고 해외운동본부 의장은 베를린의 윤이상 선생이었던 것이외다.

그런데 문 목사는 그때 옥에 갇혀 있었고, 윤 선생은 이미 건강 상태가 좋지 않아 범민련 운동은 초기부터 곤란에 봉착하게 된 것이었소이다. 그렇다고는 하나 그때 나는 평양으로부터 무슨 상의 같은 것을 받았던 것도 아니고 별로 관심도 없이 〈씨알의 힘〉 일에만 열중하고 있었는데, 어느 날 난데없이 평양에서 만났던 강주일 씨가 지금 오사카에 와 있

으니 만나달라고 사람을 보내오지 않았소이까. 그는 그때 평양의 소년가무단 인솔자라는 자격으로 입국 허가를 받고 일본으로 온 것인데, 실상은 나와 의논할 일이 있어 겸해서 왔다는 것을 나중에 알게 되었지만, 아무튼 오사카까지 가서 강 씨를 만났더니 범민련의 해외본부 의장을 맡아달라는 요청이었소이다. 부득이 해외 본부는 일본에 있는 기존의 한민통 기구를 활용할 수밖에 없는데, 곽동의 씨에게 감투를 씌워 의장 자리에 앉혀봤자 일을 제대로 할 수도 없겠으니 아예 한민통을 인계해서 하라는 것이지요. 물론 운동에 필요한 자금은 모두 평양에서 책임지겠다는 조건이었지만, 나는 그 자리에서 그 제안을 거절했소이다.

다시 문 목사 얘긴데, 형 집행 정지로 풀려나온 것이 아직 김영삼 정권이 들어서기 전인 90년 10월이었지만 옥에서 나오자마자 노태우 퇴진을 부르짖는 학생들이 날마다 줄을 지어 스스로 목숨을 끊고 죽어가는 참사가 벌어지니, 그때마다 애꿎은 문 목사가 규탄을 당하는 사태가 벌어지지 않았소이까.

김영삼 정권이 들어선 후에도 문 목사가 지니고 있는 그 범민련 직함 때문에 어떻게 움치고 뛸 수도 없는 곤경으로 몰리게 된 것이었소이다. 하는 수 없이 일단 범민련이라는 조직을 벗어나 새로운 운동체를 구상하게 되었는데, 그것이 '통일맞이(통일맞이칠천만겨레모임)' 였소이다.

그랬더니 대뜸 나서서 중상 공격을 시작한 것이 곽동의 범민련 해

외본부 의장이었소이다. '문 아무개는 김영삼 정권과 어울려서 흡수
통일을 획책하고 있는 스파이다……'

남산골 샌님이 붙이는 재주는 없어도 떼는 재주는 있다고, 밑도 끝
도 없는 뜬소문이 삽시간에 서울로 평양으로 돌더니 범민련 독일 지
부로부터 발신된 전문이 문 목사에게까지 도달하였던 것인데, 이 한
통의 전문이 문 목사에게 죽음을 불러온 것이외다. 1월 17일 밤 문 목
사는 늦게까지 책상에 앉아 평양의 백인준 의장에게 편지를 썼소이
다. '범민련을 떠나 새로운 조직을 시작하게 된 것이나 그것은 결코
범민련을 적대시해서가 아니라는 것을 말하고, 윤동주의 시처럼 하늘
을 우러러 한 점 부끄럼 없는 삶을 관철하리라는 뜻'을 전했던 것이오
이다.

다음날 아침 여느 때처럼 집을 나온 문 목사는 늘 따라다니는 제자
들과 함께 갈빗집에서 점심을 드시면서 범민련 소속인 진관 스님에게
화풀이를 좀 하신 것이 아니오이까. "내가 그래 스파이냐?" 그 말을 세
번 되풀이하는 사이에 입에 든 음식이 식도가 아니라 기관으로 넘어
가는 오연誤嚥을 일으킨 것인데, 이것은 연로한 분이 감정이 격했을 때
일어날 수 있는 사고라고 어느 의사가 일러주더이다.

제자들이 구급차가 아니라 택시로 연세대 병원으로 모시고 갔으나
사람들 틈에 끼어 순번을 기다릴 수도 없고 초주검이 된 문 목사가 자
택에 도착했을 때는 이미 돌이킬 수 없는 상태였던 것이지요.

문 목사가 당한 그날의 참변은 '곽동의 의장의 모함에 의한 타살'이

었소이다.

나는 이 글을 통해 문 목사와 관련한 위와 같은 이야기는 처음 알게 되었다. 특히 문 목사가 범민련 해외 본부 의장이었다는 곽동의의 '스파이' 모함에 의해 돌아가셨다는 말은 처음 듣는 것이었다. 그러면서 상념은 다시 꼬리를 물고 이어졌다.

'해방 이후 조국 분단의 상황에서 좌·우의 대립은 얼마나 많은 사람을 죽음으로 몰아넣었던가. 그 가운데에는 자신의 정적을 제거하고자 상대를 '스파이'나 '빨갱이'로 몰아 죽인 경우가 허다하지 않았던가. 그 각각의 진위는 아직도 베일이 벗겨지지 않은 채 역사의 구덩이 속에 묻혀 있다. 만일 50년대처럼 문 목사가 진짜 스파이로 몰려 처형되었다면? 상황이 정말 50년대 같았다면? 그러지 말라는 법도 없지 않은가?'

그러면서 얼마든지 그럴 수 있겠다는 생각에 몸서리가 쳐졌다. 이데올로기 앞에 개인은 얼마나 무기력하며, 진실은 쉽게 은폐될 수 있는가를 문 목사의 죽음에 얽힌 일화를 통해 다시 한 번 느낄 수 있었다.

팔십 평생을 조국의 민주화와 통일에 헌신해 오신 정경모 선생의 생애는 한마디로 한국 근현대사의 '불침번'이라 할 만하다. 깨어 있는 정신으로 두 눈을 부릅뜨고 시대의 어둠과 싸워온 망명의 생애. 동서를 넘나드는 해박한 지식, 몇 월 며칠 날짜까지 무슨 보고서 몇 쪽까지 상세히 기억하여 들이대는 논박의 치밀함, 사건의 핵심을 꿰뚫는 역사적 안목…….

선생의 글을 읽으며 그동안 띄엄띄엄 알고 있던 우리 근-현대사에 대한 나의 지식과 개념에 구체의 살이 붙어 피가 도는 것 같았다.

민족적 트라우마

『박헌영 평전』을 읽었다. 안재성 씨가 2009년 실천문학사에서 펴낸 책이다. 나는 평소 박헌영에게 그의 고향이 예산면 광시라는 점에서, 대흥보통학교를 다녔고, 외가가 신양이라는 점에서 친숙한 감정을 가지고 있었다. 나는 태어나긴 부여에서 났지만, 갓난쟁이 때 청양으로 이사해 그곳에서 성장해 실질적인 고향은 청양으로 생각하고 있는 터에, 박헌영이 예산 사람이라는 것을 알고부터 동향이라는 데서 오는 심리적 친밀감을 가졌던 것이다.

그러나 『박헌영 평전』을 읽는 내내 마음은 불편했다. 책을 읽을 당시 메모한 내용을 가감 없이 적어보겠다.

3·1 운동 사상자 및 참상 - 4월 초까지 계속된 만세운동은 7,500여 명의 사상자, 2,500여 명의 중상자를 냄.

구타, 고문, 독살, 압살, 수몰, 테러, 피신, 체포, 신문, 투옥, 숙청, 학살, 비밀경찰, 검거, 구금, 살해, 잠적.

1945년 해방 이후 미·소 냉전체제에 따른 좌 - 우의 대립과 신탁 - 반탁.

남북한 단독정부 수립에 따른 갈등, 일반 민중들의 굶주림, 투쟁, 봉기 계속 4·3.

1948. 8. 15, 남한에 대한민국.
9. 9, 북한에 조선민주주의인민공화국.
10월 여순반란.
토벌, 무장, 도발, 빨치산, 전향, 반공, 월경.

1950. 6. 25, 진격, 점령, 처형, 학살, 투격, 야수적 잔혹성, 극도의 공포, 혐오감, 인민재판, 전선, 강간, 토로, 수용소.

1953. 7. 27, 2년이나 질질 끌게 된 휴전협정. 그동안 전선의 전역에서 피를 흘

리며 죽어간 젊은이, 간첩, 남파, 북파, 유형, 처참······.

　여기까지가 『박헌영 평전』을 읽으면서 내가 한 메모였다. 나는
위 사실을 바탕으로 보다 상세한 자료를 좀 더 찾아보고자 몇몇 책
과 인터넷을 뒤졌다.

동학혁명 당시 희생자 - 30~40만

독립군 희생자, 의병 희생자.

3·1운동 - 7,500명 사망, 1만 5,000여 명 부상, 5만여 명 감옥.

여순반란-여수에서 4,800명, 순천에서 1,953명 사망 또는 행불.

연좌제 빨갱이.

4·3 - 사망자 2만 5,000~3만, 실종자 3만여 명(그 중 어린이 노인 부녀자가 1만여 명).

6·25 - 사망자: 국군 14만 1,956명, 유엔군 14만 9,587명, 경찰 1만 1,303명, 민간인 24만 4,763명, 그리고 점령지에서 죽은 사람 12만 3,936명, 67만 6,545명.

　부상자: 국군 19만 4,068명, 민간인 22만 9,625명.

　사망자와 부상자의 수: 110만 238명.

　납북자: 8만 4,532명.

　행불자: 36만 3,212명.

　전쟁미망인: 20만.

　전쟁고아: 10만.

그 후 이어진 60년대와 7~80년대 민주화 운동 탄압과 용공 조작, 경찰 폭력 등에 대해서는 언급하지 않겠다.

자, 어떤가. 일제 식민지 이후 6·25 전쟁까지 5~60년 동안 있었던 우리 민족이 겪은 참상이다. 이 정도면 한마디로 우리 민족은 거덜난 민족이라고 해도 지나치지 않을 것이다. 참상의 직접적인 피해자 수치가 이러한데, 그들과 직간접적으로 연결되어 있는 그들의 가족까지 합한다면, 우리나라 사람 누구도 역사의 참상으로부터 자유로울 수 없게 된다.

한마디로 고난에 찬 민족이요, 불행한 민족이란 생각이 들었다. 이러니 제정신을 가지고 어떻게 살 수 있겠는가. 온전한 인간의 심성을 갖고는 살 수 없는 상태, 민족이 거대한 트라우마에서 헤어나지 못하는 상태, 이데올로기적 강박과 피해의식, 살아남아야 한다는 목숨의 절박함에서 오는 공포와 초조와 불안……

그 속에서 개인의 삶은 심각한 고통과 왜곡에 직면한다. 힘 있는 자가 살아남는다는 폭력적 가치가 역사의 경험을 통해 개인의 뇌리에 깊숙이 새겨진다. 인간이기에 당연히 가질 수 있는 나약함과 두려움을 기꺼이 나누고자 하는 공동체적 연대의식보다는 '힘'으로 상대를 억압하는 방법만을 체득하여 살아온 사람들. 더 무서운 것은 이런 악순환이 우리들 자신도 모르는 가운데 대를 이어 계속되고 있다는 점이다.

트라우마^{traumat}는 그리스어의 traumat에서 나온 말로 '상처'를 의미한다. 범죄 피해나 전쟁, 아동학대, 성폭력, 자연재해, 인위적 재해, 사고, 난민 체험 등 강한 충격으로 인한 정신적 '상처'를 의미하는데, 트라우마가 무의식 속에 남아 반복적으로 경험되는 것을 '외상 후 스트레스 장애post-traumatic stress'라 한다.

우리나라 사람은 집단적으로 사회적으로 민족적으로 뿌리 깊은 트라우마를 갖고 있으며, 그 거대한 외상 후 스트레스 장애가 생물학적 유전이 아닌 정신 심리학적 유전으로 이어져 내려온다고 할 수 있지 않을까?

개인의 트라우마를 치료하지 않고는 그 사람이 겪는 여러 병리 현상에서 벗어날 수 없다고 한다. 민족적으로 겪은 트라우마 역시 치료하지 않고는 그 민족의 정상적인 정신 상태, 정체성을 기대할 수 없다.

그러기에 먼저 우리는 서로 간의 화해와 상생을 말하기 전에 '해원'부터 해야 한다. 화해와 상생은 추상적이지만 해원은 구체적이다. 다시 말해 과거에 있었던 어떤 일에 대해 진실을 가리고, 그 일에 대해 국가가(왜냐하면 국가가 아니면 누구도 할 수 없는 일이므로) 책임지고 보상한 후, 화해하고 상생하길 제안할 때 비로소 그것이 가능할 것이다. 사회체제 속에서 권력을 가진 집단이 그렇지 못한 다른 집단에게 폭력적 피해를 가했을 때, 그것이 곧 역사적 상처이며, 피해 집단은 권력이란 힘을 얻지 못하는 한 침묵할 수밖에 없기 때문이다.

앞 글에서 나는 독일이 2차 대전 때 노예 노동판으로 강제연행 당했던 사람들을 위해 100억 마르크의 기금을 조성하고 지불하는 기금 명칭이 '기억 · 책임 · 미래'였다는 사실을 말했다. 이것이 곧 해원이 아닐까? 어떡해서든 진실을 가려 피해자들의 가슴속 응어리를 풀어주는 것, 그리고 적법한 절차에 따라 보상하는 것, 이러한 해원의 과정(트라우마를 치료하는 과정)이 있고 난 후, 상생을 말해야 하지 않겠는가.

그런 면에서 볼 때 다음 글에 쓰고자 하는 '진실과 화해를 위한 과거사정리위원회'의 활동은 아주 소중하고 뜻 깊은 것이었다.

진실, 화해, 상생

　진실과 화해를 위한 과거사정리위원회(이하 '진화위')가 장관을 위원장으로 발족된 것은 2005년 12월이었다. 그야말로 근·현대사의 피해 당사자들의 진실을 가려 민족적 화해를 이끌어내기 위해 지난 시절에 있었던 일을 정리하자는 취지에서 발족된 것이었다. 일제하에서부터 1945년 해방을 거치면서 지금까지 반세기가 넘도록 이 문제로 싸우는 나라는 우리나라밖에 없다. 그러한 갈등을 어느 개인이나 단체에서는 해결할 수 없기에 국가가 주도해 정리하자는 것이었다.

　재미있는 것은 '진화위' 명칭에서 '청산'이란 용어 대신 '정리'라는 용어를 쓰고 있다는 점이다. 이는 '청산'이라고 할 때 과거와의 단절, 처벌의 의미가 강해 보수진영에서 예민하게 반응할 것임을 고려해 그렇게 한 것으로 보이는데, 아무튼 이름 하나 붙이는 데에서도 우리나라의 특수성이 그대로 드러나 있음을 알 수 있다.

'진화위'는 그동안 현대사 과정에서 깊은 상처를 받은 사람들로부터 1만 100여 건의 신청을 받아 진실 규명 작업을 벌여 왔다. 그중 한국전쟁 관련 피해가 9,800여 건이었고, 과거 정권의 인권침해 사례가 700여 건, 항일 독립운동 관련이 270여 건이었다. 한국전쟁 관련 사안이 전체의 90퍼센트가 넘는다는 것은, 전쟁의 상흔이 반세기가 넘도록 아직 풀리지 않고 우리 사회에 깊이 드리워져 있음을 말해준다. 그런데 만약 신청 요건이 되는 사람이 모두 신청을 한다면 전쟁으로 인해 피해를 입은 사람들의 수는 지금 신청한 사람들의 20배가 넘을 것이란 자료도 있다.

정권으로부터 당한 인권침해 사례도 '진화위'의 중요한 활동 내용이었다. 그동안 누구에게도 털어놓지 못했던 억울한 사연(대부분 간첩조작 사건)을 '진화위'에 털어놓아 진실 규명을 받을 수 있었던 사람들은 말 그대로 인생 말기에 한을 풀고 죽을 수 있었다. 과거에 인권침해를 당했던 사람들이 사법부에 재심을 신청하고 그 가운데 상당수가 무죄 판결을 받았다. 순진한 사람 자기 방어를 제대로 할 수 없는 사람들이 좌우 대립의 역사 속에서 가시밭길을 걸어왔고, 그런 사건들을 하나씩 조사해 법정에서 무죄판결을 받도록 한 기구가 '진화위'였다.

그런데 이 '진화위'가 이명박 정권이 들어선 이후 뉴라이트 등 보수 인사들의 손에 넘어가 그간의 활동과 취지가 용두사미로 끝날 지경에 처해 있다고 한다(이하 내용은 시사 주간지 『시사IN』 2009년 12월 21일자에서 인용함). 이명박 대통령은 2009년 12월 초 '진화위' 신임위원장에 이영조 전 '바른 사회를 위한 시민회의' 사무총장을 임명하고, 이어 차관급 상임위원으로 뉴라이트 싱크넷에서 상임집행위원을 맡았던 김용직 성신여대 교수를 임명했다.

이영조 신임 '진화위' 위원장은 2004년 한나라당 경기도 분당 지역구에 공천 신청을 했다 탈락한 뒤 그동안 '진화위'에서 한나라당 지명 상임위원으로 활동해 왔는데, 그는 위원장에 취임하면서 "그동안의 위원회 활동이 제3자의 눈에 편향되었다고 비칠 소지가 적지 않았다"는 말로 불편한 심기를 드러냈다.

청와대가 신임 상임위원으로 지명한 김용직 교수에 대한 논란은 더욱 크다. 그는 뉴라이트가 현행 고교 역사 교과서에 대항해 만든 「대안 교과서 한국 근·현대사」 집필진이기도 하다. 뉴라이트 계열의 역사 인식은 일본의 식민지 지배를 근대화로 미화하고, 안중근 김구 등 대표적인 독립운동가를 테러리스트로 취급하는가 하면 일제 정신대 문제를 마치 자발적인 경제활동이었던 것처럼 주장한다는 점에서 도가 지나친 역사 왜곡이라는 지적을 받아 왔다. 또한 그는 2009년 5월 열린 촛불집회 평가 토론회에서 "남한의 친북

주의자들이 이명박 정부를 강타하기 위해 촛불집회에 집결해 온갖 수단을 통해 군중을 선동했다"고 주장해 논란을 빚었다.

이런 그가 '진화위'에서 맡게 될 분야가 '집단희생규명위원회'라고 한다. 한국전쟁 당시 민간인 희생 진상규명 신청은 그동안 '진화위'에 접수된 1만 1백여 건 중에서 가장 많은 8,200여 건이었고, 이런 진정을 바탕으로 그동안 전국의 민간인 학살 현장을 조사 발굴해 국가에 의해 억울하게 목숨을 잃은 1만여 명의 희생자 신원을 파악하고 유골을 발굴했다. 그러던 차에 아직 조사가 남아 있는 굵직한 민간인 집단 희생 사건들—미군 폭격으로 인한 집단 학살과(현재 '진화위'에 접수된 미군 폭격 희생 사건은 경북 포항과 예천, 인천 월미도, 경기도 평택 등 여러 곳에 이르며, 대부분 미 공군기가 피난민을 대상으로 기총소사를 하거나 네이팜탄으로 대량 학살을 저지른 사건들이라고 한다) 여순반란 사건 당시 민간인 집단 학살, 그리고 한국전쟁 당시 수원 이남의 전국 교도소에서 저질러진 군경 우익 단체에 의한 재소자 집단 처형 사건 등이 김용직 교수의 주도 아래 맡겨진다 하니 제대로 된 규명이 가능할까 의구심을 갖지 않을 수 없다.

앞서 나는 '진화위'의 명칭을 말하면서 우리 사회의 특수성에 대해 언급했었다. 보수-진보의 대립에 따른 왜곡 굴절로 훼손되고 너덜너덜해지는 우리의 '진화위'에 비해, 전후 독일에서 있었던 피해보상 프로젝트의 하나인 '기억 · 책임 · 미래'는 얼마나 깨끗하고 미래지향적인가.

앞으로 '진화위' 활동은 2010년 4월까지 활동을 마치고 10월에는 모든 활동이 종료된다고 한다. 활동 기한을 2년 연장할 수 있는 규정이 있기는 하지만 이명박 정권 아래 그 활동이 연장될 것이라고 보는 이는 아무도 없는 것 같다. 이런 상황에서 역사적 진실은 어느 시인의 다음 시처럼 땅에 다시 묻힐 수밖에 없다.

뼈
한 조각
땅에 묻혀, 버팅기다
튀어 올라
세상 한 꺼풀
뒤집어 놓는

봄의 뇌관

-도서오, 「진실」 전문

청양군 사회단체

　나는 태어나긴 부여에서 났지만 어린 시절 자란 곳은 청양이다.
부여군 내산면 지티리에서 태어나 갓난쟁이였을 때 외가가 있는
청양군 남양면 온암리로 이사했다. 그래서 그런지 나는 누가 고향
이 어디냐고 물어올 적마다 묘한 감정에 사로잡힌다. 태어난 곳은
부여지만 실제 고향은 청양이기 때문이다.

　나는 청양에서 어린 시절을 보냈다. 초등학교 5학년까지 마을에
있는 온암국민학교에 다니다 서울로 전학 갔다.

　그 후 나는 서울에서 학교를 다녔고, 대학은 공주에서, 그리고
교사로 근무하면서 이곳저곳 학교를 옮겨 다니느라 청양에서 살지

못했다. 그러다 한 번, 그러니까 군 복무를 위해 청양 관리대에서 방위를 받으면서 부대 앞 농가에서 자취한 적이 있는데, 그때 일 년 남짓 청양에서 산 적이 있다.

청양군은 예로부터 지리적으로는 충남의 중앙에 위치해 있지만 다른 시·군에 비해 오지에 속했다. 개발이 늦고 농촌인구의 도시 유입으로 나날이 인구가 줄었다. 지방 행정 단위인 '군'을 유지하는 데 필요한 최소 인구 3만이 무너질지도 모른다는 이야기를 오래전부터 들었고, 아기 울음소리를 들어본 게 언제인지 모른다는 말을 그곳 사람들로부터 들었다.

청양에서 발간하는 지역신문 가운데 『청양신문』이 있다. 『청양신문』은 1990년부터 격주간 타블로이드판(8면)으로 발행되는 청양을 대표하는 지역신문이다.

나도 『청양신문』을 정기 구독한다. 신문 기사가 눈길을 확 잡아끄는 경우는 그리 많지 않지만 '청양'이란 말에 오붓한 정이 가고, 그곳에 실린 사람들의 이야기에 나도 모르게 고향 마을 사람들과 지금은 빈 집이 되어 버린 내가 살던 시골집을 떠올리게 된다.

그렇게 『청양신문』은 외지에 나와 사는 나를 자꾸만 멀어져가는 고향 마을로 탯줄처럼 이어준다.

그동안 청양은 정치적으로 보수적 색채가 짙은 곳이었다. 최근 들어 야성野性을 보이기도 하지만 오랜 기간 여與 쪽으로 기울어 있었던 게 사실이다. 그런 모습은 선거 때마다 나타났고, 결국은 정치인들로부터 이용만 당하고 마는 결과를 가져왔다. 투자와 개발은 뒷전이어서 날이 갈수록 군의 인구는 빠져나가 오늘날엔 빈 새둥지와 같은 꼴에 이르렀다.

격주마다 배달되는 신문을 읽던 중 눈에 띄는 기사가 있었다. 뒤통수를 한 대 얻어맞은 것 같이 눈에 불이 번쩍 일었는데, '사회단체 보조 35곳에 2억 3,780만 원(2009년 3월 2일)'이라는 기사였다. 기사 내용은 2009년 청양군에서 지역 내 사회단체에 지원될 보조금 총액이 2억 3,780만 원으로 확정되었고, 지원 결정을 위한 심의위원회를 열어 사회단체 35곳에 대해 지원하기로 결정했다는 내용이었다. 그러면서 지원받는 사회단체와 지원 결정 액이 한눈에 볼 수 있도록 정리되어 있었다.

- 한국자유총연맹 청양군지부 (23,000)-단위 : 천 원
- 청양군발전연구회 (3,000)
- (사)베트남참전유공자회 청양군지회 (3,250)
- 청양군독립유공자유족회 (1,350)
- 청양군여성단체협의회 (10,000)
- (사)대한노인회 청양군지회 (14,000)
- (사)한국지체장애인연합회 청양군지회 (6,000)
- 충남농아인협회 청양군지부 (3,000)
- (사)한국시각장애인연합회 청양군지회 (3,000)

- 한국야생동식물보호관리협회 청양군지회 (2,000)
- 한국야생동식물보호협회 청양군 지회 (2,000)
- 청양군농업경영인청양군연합회 (8,100)
- 청양군여성농업경영인연합회 (2,250)
- 전국농민회청양군연합회 (1,600)
- 농가주부모임 청양군연합회 (5,200)
- 새농민회 (2,000)
- 전국주부교실 청양군지회 (9,000)
- 청양군모범운전사회 (4,290)
- 청양군의용소방대연합회 (4,290)
- 청양군방위협의회 (6,600)
- 지방행정동우회 청양군분회 (3,500)
- 민족통일 청양군협의회 (2,000)
- 범죄예방위원회청양지구협의회 (4,950)
- 청양군재향경우회 (1,080)
- 청양군재향군인회 (6,000)
- 대한적십자봉사회 청양지구협의회 (2,600)
- 6 · 25참전 경찰유공자회 (1,300)
- 해병대전우회청양지회 (2,640)
- 새마을운동청양군지회 (35,000)
- 새마을운동읍 · 면협의회 (11,000)

- 새마을운동읍·면부녀회 (12,100)
- 바르게살기청양군협의회 (14,400)
- 바르게살기읍·면협의회 (15,300)
- 농촌지도자청양군엽합회 (5,500)
- 청양군생활개선회 (6,500)

인구 3만이 조금 넘는 청양군에서 군으로부터 보조금을 지원받는 단체가 이와 같이 35개에 이른다. 이들 단체가 보조금을 지원받아 일 년 동안 무슨 행사를 어떻게 펼치는 지는 그리 중요하지 않다. 문제는 단체의 성격과 그 단체에서 하는 일의 성격이라 할 것인데, 각각의 단체는 정도 차이는 있을지언정 대체로 보수 성향이 짙은 단체라는 것이다.

청양군의 사정이 이러한데, 다른 시·군의 사회단체는 어떨까? 또 시나 군보다 하급 단위인 면 단위 사회단체는 어떠할까?

여기서 내친 김에 청양군 M면에 있는 사회단체도 열거해 보겠다. 참고로 M면의 인구는 1,700여 명이다(각각의 사회단체 앞에 붙는 M면은 생략함).

면사무소/보건소/이장협의회/바르게살기위원회/자율방범대/생활개선회/농가주부모임/유통영농조합/노인회/풍물단/초등학교/새마을지도자협의회/의용소방대(남)/자율방범대(여)/어머니회/농업경영인회(남)/적십자부녀봉사회/원로회/정보화마을위원회/예비군중대/우체국/새마을지도자부녀회/의용소방대(여)/총화협의회 /청년회/농업경영인회(여)/두릉윤성현창회/농촌지도자회/농협/

자, 어떤가.

면 단위가 이러하다. 청양군은 M면을 포함해 모두 10개의 읍 · 면으로 이루어져 있다. 그러니까 10개의 읍 · 면에 위와 같은 사회단체가 조직되어 있다는 것인데, 결국 인구 3만이 조금 넘는 청양에 약 300여 개의 사회단체가 저인망처럼 얽혀 있는 것이다.

놀랍지 않은가? 이 단체들이 군으로부터 보조금을 지원받아 활동한다. 선거가 있다든가 지역에 현안 문제가 발생한다든가 할 경우 이들은 곧 관변단체의 성격을 띠면서 그 지역의 대표적 여론을 형성한다.

청양군이 이러할진대 우리나라 전체 상황을 한 번 상상해 보라. 청양군은 그래도 전국의 시 · 군 가운데 작은 행정 단위에 속한다. 그렇게 작은 곳도 이러한데 하물며 이보다 큰 다른 시 · 군은?

한마디로 엄청나지 않은가.

신화시대

　겨울방학 중 학교에 가니 택배가 하나 와 있다. 얼핏 보니 '민주화운동기념사업회'에서 보내온 것이다. 그런가 보다 했다. 그쪽에서 발간하는 소식지 「희망세상」이라든가 다른 책들을 받아보고 있던 터였다. 한쪽에 밀어 두고 다른 일을 했다. 그렇게 오전이 갔다. 오후가 되면서 할 일이 뜸해졌다. 방과 후 학교 활동으로 학교에 나왔던 아이들과 교사도 집으로 돌아갔다. 사방이 고즈넉하다. 이제 곧 졸음 올 일만 남았다. 한쪽에 밀어두었던 택배 봉투를 끌어당겼다. 꺼내 보았다. 내용물을 확인하는 순간 소금 같은 전율이 몸을 훑고 지나갔다. 소설가 공선옥 씨가 쓴 『윤영규』라는 책이었다. 민주화운동기념사업회에서 발간하는 '시대의 불꽃' 시리즈 18번째로 나온 책으로 '교사를 가르친 교사, 우리 시대의 참 스승'이라는 부제가 붙어 있었다.

나는 뒤통수를 한 대 세게 얻어맞는 기분이었다. '어? 윤영규 선생에 관한 책을 공선옥이 썼어?'하는 마음에서였다. 윤영규 선생에 관한 이야기라면 그분을 잘 아는 교사가 써야 하지 않았나 하는 생각에서였다. 지은이의 말을 읽었다. 공선옥 씨와 윤영규 선생은 1991년 『창작과 비평』지에 쓴 공선옥 소설을 통해 인연을 맺었으며, 그것이 계기가 되어 선생에 대한 책까지 쓰게 되었다는 내용이었다.

책을 앞뒤로 넘겨보았다. 특별히 새로운 내용이 있는 것은 아니었다. 선생은 생전에 계실 때 회갑 기념으로 『멀리 보며 가는 길』이라는 책을 발간하신 적이 있는데, 이번 책의 내용이 그때 읽은 내용에서 크게 벗어나는 것은 아니었다. 그러나 그 책 여기저기에서 다시 만나는 사람들의 이름과 사진과 장소는 나를 일순간에 그 엄혹하고 뜨겁고 치열했던 80년대 공간으로 순간 이동시켰다. 그 책 말미엔 내가 쓴 시도 한 편 들어 있었다.

수배전단 앞에서

지금 어딘가

바위처럼 묵직이 가라앉아 있는 사람

수배 생활 1년

현상금 1천만 원이 걸려 있는 그의 얼굴을

흰 머리칼로 뒤덮인 그의 얼굴을

서울역 대합실에서 볼 수 있었다

다른 지명 수배자들과는 달리

명함판 크기로 확대된 그의 얼굴이

수배전단 한가운데 내걸려 있음은

그가 곧 대빵임을 보여주는 것이리라

굳은 표정의 사진 얼굴 뒤로

남의 눈을 피해 어느 골방 깊숙이

앉아 있을 그의 등이 보인다

사람 사는 곳 찾아

혀리 짐짓 구부리고

이런저런 이야기 궁시렁궁시렁 하고도 싶은

그러나 지금은 팔다리 묶여

눈부신 봄 햇살 남의 것으로 제쳐두고

온갖 외로움 지긋이 삭이고 있을

234

그의 등이 보인다
소설 나뭇꾼이나 듣추고 있을 윤영규 선생님의 등이 보인다

1991년 4월 선생님께서 전교조 활동과 백골단 쇠파이프에 맞아 사망한 고 강경대 열사 장례 상임위원장을 맡아 활동하시면서 '1계급 특진에 1천만 원짜리' 수배를 당하고 계실 때 쓴 시였다.

나는 공선옥 씨에게 고맙다는 생각을 하며 책을 내려놓았다. 그가 윤영규 선생의 이야기를 책으로 써 주어, 우리들 중 누군가 해야 할 일을 대신 해 준 것 같아서였다.

퇴근하면서 나는 이 책을 가져다 집에 놓아 두었다. 어느 조용한 시간에 다시 한 번 읽어 볼 생각이었다. 그러면서 저녁시간이 갔다. 저녁식사 때엔 평소 하던 대로 맥주 한잔 마시고 아내에게 윤영규 선생에 관한 책이 나왔더라고 이야기했다. 그러다 잤는데, 밤 열두 시쯤 됐을까? 다시 깼다. 뒤 시간 남짓 눈을 붙이다 일어난 것이다. 주위가 가을 날 떨어진 낙엽 속처럼 고요했다. 『윤영규』라는 책을 집어 들었다. 처음부터 차근차근 읽어 나갔다. 나는 어느덧 그 시절 얼음 위에 지핀 장작불 같은 80년대에 가 있었다. 그러면서 오만 가지 생각들이 강가의 아침 안개처럼 피어올랐다 사라졌다. 그때 있었던 일 하나하나가, 선생님과 함께했던 여러 장면 장면들이 스냅 사진처럼 머릿속을 훑고 지났다.

책을 읽으며 한 사람 한 사람에 대한 그리움에 젖어들었다. 그러

면서 술을 마시고 싶었다. 아니 술을 마시지 않으면 안 될 것 같았다. 아내가 깨지 않도록 가만가만 술을 찾았다. 술이 없었다.

'으휴-. 이런 때 술 한 방울 없다니. 에이, 책이나 좀 더 읽다 자자, 시간도 늦었는데.'

그러나 이미 가슴은 그리움의 해일에 휩쓸려가고 있었다. 그때 같이 활동했던 사람들, 벌써 유명을 달리했거나 아직 살아 있는 사람들, 그들의 면면이 떠오르고, 무릎을 꿇고 사느니보다 서서 죽기를 원하노라던 그 기개와, 폭압 속에서도 굴하지 않던 많은 이들이 생각나면서, 나는 그대로 잠자리에 들 수 없었다.

옷을 입고 집 앞 24시 편의점에 갔다. 소주 한 병을 사다 마셨다. 새벽 두 시가 다 돼 가고 있었다. 그러나 그것으로는 부족했다. 다시 편의점에 갔다. 이번엔 맥주 큰 것, 피처라는 것을 사 왔다. 그것도 거의 다 마셨을까 하는데 가슴이 뜨거워지며 눈물이 훅 쏟아졌다. 한 번 터져 나온 눈물은 걷잡을 수 없이 쏟아졌다. 나는 그 시각, 새벽 세 시가 넘은 그 시각에 몇몇 사람들에게 전화했다. 그리고 공선옥 씨에게도 전화했다. 윤영규 선생에 대한 글을 써 줘서 고맙다고.

그 후 나는 과연 우리에게 80년대는 무엇이었을까 하는 상념에 빠져들었다. 사회과학적으로야 얼마든지 정리할 수 있다. 80년 5월 광주로부터 촉발된 일련의 폭압과 투쟁, 고문, 연행, 투옥, 분신, 해직, 수배, 등등의 언사들 속에 밟히면 밟힐수록 일어나던 질기디

질긴 민중의 저항.

흐르는 물을 거슬러 오르는 살아 있는 물고기들의 힘찬 파닥임, 저 깊고 아득한 하늘을 두려워하지 않고 비상의 날개로 제 몸을 던져 날아오르는 작은 새, 그 새들의 울음에 열릴 것 같던 첫새벽의 아침, 굳은 땅을 뚫고 올라오는 봄날의 새싹!

개인적으로 20대 후반과 30대, 인생의 황금기라 할 시기를 통과해 버린 80년대를 무어라고 할 수 있을까? 한마디로 미치지 않았으면 그렇게 살 수 없었던 그 시대.

아무리 생각해 봐도 나는 그 시대가 나에겐 '신화의 시대'였던 것 같다. '신화'라는 말이 아니면 도저히 다른 말로는 언명이 불가능한 시대. 근대 이후 인간에게 부여된 '이성'이나, 마르크스가 사회운동에 부여했던 '과학'이라는 말만으로는 해명이 불가능한 시대가 80년대였던 것이다.

역사가 혁명적으로 비약하자면(우리나라의 경우 그러한 비약이 간헐적으로 이루어졌는데, 동학혁명이나 3.1 만세운동, 4.19, 5.18, 6월 항쟁, 촛불집회 등이 그것이다) 그 역사의 구성체인 개개인(민중)이 거대한 신화 속에 휩싸여야 한다. 신화는 사회과학적인 이론과 어울리긴 하지만, 그러나 사회과학의 울타리 밖에 존재한다. 신화는 지구를 끌어당기는 태양처럼 변혁의 열기와 이미지를 제공한다. 태양의 빛에 쪼인 생명들이 조금이라도 더 그 빛에 가까이 가려고 기지개를 켜며 자라듯, 변혁의 신화에 휩쓸린 개인은 그 변혁의 이미지에 가까이 가기 위해 자신의 몸을 던진다. 신화는 이론이나 논박의 대상이 아니다. 신화는 근본적으로 한 집단의 신념체제이고, 그 신념이 행동으로 구체화된 것이다.

그렇다. 나는 신화의 시대를 산 것이다. 나만 그런 게 아니라 무엇엔가 홀려 있던, 미쳐 있던, 그렇게 표현하지 않으면 달리 표현할 방법이 없는, 그 시대를 관통해 온 사람은 모두 신화의 시대를 산 것이다.

자유를 맛 본 사람은 부자유의 구속을 견디지 못한다. 아무리 작은 자유라도 그 자유는 투쟁으로 얻어진 대가代價이며, 무투쟁無鬪爭의 자유는 없다.

일상은 늘 언젠가 터져 나올 신화를 자신의 생활 속에 내장하고 있다. 내 평생에 다시금 신화의 시대를 살 수 있을까? 그 신화의 빛에 쏘여 다시 황홀하게 미칠 수 있을까.